Positionen zum Mindestlohn in der evangelischen Kirche
Eine Dokumentation

Edition | Kultur der Arbeit

Eine Schriftenreihe der
Stiftung Gute Arbeit, Recklinghausen

www.stiftung-gute-arbeit.org
e-Mail: office@stiftung-gute-arbeit.org

Herausgegeben von

Jürgen Klute

Herbert Schlender

Sabine Sinagowitz

Band 1

Jürgen Klute, Herbert Schlender, Sabine Sinagowitz (Hg)
Positionen zum Mindestlohn in der evangelischen Kirche.
Eine Dokumentation.

Jürgen Klute | Herber Schlender | Sabine Sinagowitz (Hg)

Positionen zum Mindestlohn in der evangelischen Kirche

Eine Dokumentation

Verlag Books on Demand GmbH, Norderstedt

Bibliographische Informationen der Deutschen Bibliothek:
Die Deutsche Bibliothek verzeichnet diese Publikation in der
Deutschen Nationalbibliographie; detaillierte bibliographische
Daten sind im Internet unter http://dnb.ddb.de abrufbar.

ISBN-13: 978-3-83700-902-6

Herstellung und Verlag:
Books on Demand GmbH
Gutenbergring 53
D - 22848 Norderstedt

Telefon: ++49 (0) 40 / 53 43 35-0
Telefax: ++49 (0) 40 / 53 43 35-84
Web: www.bod.de
e-Mail: info@bod.de

Inhalt

Anhang I: Rechtstexte zum Mindestlohn

Anhang II: Anträge der Linksfraktion im Bundestag und der Fraktion Bündnis 90 / Die Grünen zum Mindestlohn

Einleitung

Angestoßen wurde die aktuelle Debatte um die Einführung eines gesetzlichen Mindestlohnes am 18. 01. 2006 durch die Linksfraktion im Bundestag. An diesem Tag hat die Linksfraktion die Bundesregierung formal aufgefordert, einen Gesetzentwurfes zu erarbeiten, der sicherstellt, das alle Arbeitnehmer einen rechtlichen Anspruch auf einen Lohn von 8 Euro/Stunde brutto erhalten. Lohndumping soll durch dieses Gesetz verhindert und die Position von Beschäftigten in Tarifverhandlungen gestärkt werden (Bundestagdrucksache 16/398; vgl. auch www.8euro.de und Anhang II: Anträge der Linksfraktion im Bundestag zum Mindestlohn in diesen Band, dort sind auch die im folgenden benannten Bundestagsdrucksachen dokumentiert).

Etwa zeitgleich haben die beiden Gewerkschaften ver.di und NGG die Initiative Mindestlohn gegründet (www.mindestlohn.de). Die Gewerkschaftsinitiative hat auf eine etwas ältere gewerkschaftliche Mindestlohnforderung zurückgegriffen und fordert 7,50 Euro/Stunde brutto. Sowohl die Linksfraktion als auch die Gewerkschaften sehen diese Forderung als Einstiegsbetrag, der kontinuierlich an die Entwicklung der Lebenshaltungskosten und an die Lohnentwicklung anzupassen ist.

Am 14. 02. 2006 hat die Fraktion Bündnis 90 / Die Grünen den Antrag „Mindestarbeitsbedingungen mit regional und branchenspezifisch differenzierten Mindestlohnregelungen sichern" in den Bundestag eingebracht (Bundestagdrucksache 16/656).

Zum 01. Mai 2006 haben die beiden Gewerkschaften wie auch die Linksfraktion eine breit angelegte öffentliche Kampagne zur Durchsetzung ihrer Forderungen gestartet. Beide Kampagnen sind zum gegenwärtigen Zeitpunkt noch am laufen.

Am 20. 06. 2006 bringt die Linksfraktion erneut einen Antrag in den Bundestag ein, in dem sie die Bundesregierung auffordert, zum 01. 01. 2007 die Einführung eines Systems dualer Mindestlöhne sicher zu stellen (Bundestagsdrucksache 16/1878). Das *System dualer Mindestlöhne* zeichnet sich aus durch die Kopplung eines gesetzlich festgelegten Mindestlohns mit tariflich vereinbarten und per Gesetz fixierten, branchenbezogenen Mindestlöhnen. Auf diese Weise soll verhindert werden, dass ein gesetzlicher Mindestlohn einen Lohnsenkungsdruck auf die Branchen mit hohen Tarifstrukturen ausübt.

Mittlerweile haben die im Bundestag vertretenen Parteien begonnen, sich zur Frage des Mindestlohn zu positionieren. Die FDP lehnt einen Mindestlohn ab. Die große Mehrheit der CDU lehnt einen Mindestlohn ab und präferiert Kombilohnmodelle.

Die SPD tendierte zunächst auch eher zu einem Kombilohnmodell. Dann präferierte sie branchenspezifische Mindestlöhne. Mittlerweile diskutiert sie auch über einen gesetzlichen Mindestlohn. Als Höhe für einen Mindestlohn hält die SPD 6,50 Euro für akzeptabel.

Die Grünen hielten anfänglich einen Mindestlohn von rund 4 Euro für sinnvoll. Dieser Betrag entspricht einem von den Grünen in die Diskussion gebrachten Gesetz von 1952 über Mindestarbeitsbedingungen. Aktuell fordern die Grünen verbindliche Mindestarbeitsstandards, die verbindlich vor Armutslöhnen schützen und alle Arbeitnehmer und Arbeitnehmerinnen einbeziehen, unabhängig davon, ob sie in einem tariflich geregelten Bereich arbeiten oder nicht. Noch für dieses Jahr fordern die Grünen die Einrichtung einer Mindestlohnkommission nach britischem Vorbild. Sie soll Mindestlöhne für nicht tariflich geregelte Wirtschaftsbereiche vorschlagen, die vom Bundesarbeitsminister durch Rechtverordnung für verbindlich erklärt werden sollen. Bis April 2009 soll nach grüner Forderung das Arbeitnehmer-Entsendegesetz auf alle Branchen ausgeweitet werden. Desweiteren sollen die Branchen mit den niedrigsten tariflichen Einstiegslöhnen bis Ende 2008 bundesweite bzw. flächendeckende Tarifverträge als Grundlage für die Anwendung des Arbeitnehmer-Entsendegesetz abschließen. Kommt es nicht zum Abschluss entsprechender Tarifverträge, dann soll die Mindestlohnkommission auch für diese Branchen Mindestlöhne vorschlagen. Bis Mitte 2007, so die Forderung der Grünen, hätte das Tarifvertragsgesetz dahin gehend geändert werden sollen, dass die Möglichkeiten eines Vetos der Spitzenverbände der Tarifvertragsparteien reduziert würden, um so die Durchsetzung tariflicher Mindestarbeitsbedingungen zu erleichtern. Um die relativ hohe Lohnspreitzung in der BRD zu verringern und um die Nettoeinkommen im Niedriglohnbereich zu erhöhen, sollen zudem die so genannten Lohnenebenkosten gesenkt werden. Eine konkrete Lohnsumme nennen die Grünen nicht. Die Forderungen der LINKEN nach einem Mindestlohn in Höhe von 8 Euro halten die Grünen für zu hoch, vor allem im Blick auch die östlichen Bundesländer. (Quelle: Flugblatt der Bundestagsfraktion Die Grünen „Arm trotz Arbeit? Wir brauchen Mindestlohn" vom April 2007; http://www.gruene-bundestag.de/cms/flugblaetter/dokbin/181/181117.mindestlohn.pdf)

Nachdem die Diskussion um die Einführung eines Mindestlohnes nicht mehr von der politischen Tagesordnung zu verbannen war, hat die Bundesregierung die Bundesregierung eine Änderung des Arbeitnehmer-Entsendegesetzes (AEntG) beschlossen, um die Möglichkeit der Einführung von Branchen bezogenen Mindeslöhnen auszuweiten. Die Linksfraktion hat darauf am 07. 03. 2007 einen Entschließungsantrag zur zweiten und dritten Beratung des von der Bundesregierung eingebrachten Gesetzentwurfs zur Änderung des Arbeitnehmer-Entsendegesetzes eingebracht, in dem erneut ein gesetzlicher Mindestlohn in Höhe von 8 Euro gefordert wird (Bundestagsdrucksache 16/4623).

Eine deutliche Mehrheit der in Deutschland lebenden Menschen hält nach Umfragen einen Mindestlohn für nötig.

Im Frühjahr 2007 startet die SPD eine Unterschriftenkampagne für Mindestlöhne, obgleich sie sich bisher sehr zurückhaltend zu diesem Thema verhalten hat. Die Linksfraktion hat die Forderungen der SPD-Unterschriftenkampagne unterstützt und sie in einen weiteren Antrag zum Mindestlohn aufgenommen, der am 27. 03. 2007 in den Bundestag eingebracht wurde (Bundestagsdrucksache 16/4845).

Dieser Antrag wurde an den Ausschuss für Arbeit und Soziales des Bundestages überwiesen. Er empfahl dem Bundestag eine Ablehnung des Antrags der Linkfraktion. Am 14. Juni 2007 kam es zur namentlichen Abstimmung über die Beschlussempfehlung des Ausschusses. 532 Abgeordnete haben ihre Stimme abgegeben, 81 haben keine Stimme abgegeben, da sie zur Abstimmung nicht anwesend waren. Der Beschlussempfehlung des Ausschusses für Arbeit und Soziales, den Antrag der Linksfraktion auf Einführung eines Mindestlohnes abzulehnen, stimmten 431 Abgeordnete zu, 100 stimmten dagegen und 1 enthielt sich der Stimme. Interessant ist nun die parteipolitische Zusammensetzung der Zustimmungen und Ablehnungen. Alle 200 der anwesenden Mitglieder der CDU/CSU-Fraktion haben der Ablehnung der Einführung eines Mindeslohnes zugestimmt – haben also gegen die Einführung eines Mindestlohnes gestimmt. Auf Seiten der SPD haben sich 193 der anwesenden Fraktionsmitglieder gegen einen Mindestlohn ausgesprochen, 3 für einen Mindestlohn und ein Mitglied hat sich der Stimme enthalten. Alle 28 anwesende Mitglieder der FDP-Fraktion haben sich ebenfalls gegen einen Mindestlohn ausgesprochen. Erwartungsgemäß haben sich alle 49 anwesenden Mitglieder der Linksfraktion für die Einführung eines Mindestlohnes ausgesprochen. Und auch alle 46 anwesenden Mitglieder der Fraktion Bündnis'90/Die Grünen haben für einen Mindestlohn votiert. *(Vgl. das Protokoll der namentlichen Abstimmung Nr. 5, 103. Sitzung des Deutschen Bundestages am Donnerstag, 14. Juni 2007 über die Beschlussempfehlung des Ausschusses für Arbeit und Soziales (11. Ausschuss) zu dem Antrag der Abgeordneten Werner Dreibus, Hüseyin-Kenan Aydin, Dr. Dieter Bartsch, weiterer Abgeordneter und der Fraktion DIE LINKE. Deutschland braucht Mindestlöhne; Drs. 16/4845 und 16/5585.)*

Am 25. 04. 2007 hat die Fraktion Bündnis 90 / Die Grünen erneut einen Antrag zum Mindestlohn in den Bundestag eingebracht: Schnell handeln für eine umfassende Mindestlohnregelung (Bundestagdrucksache 16/5102).

Zum 01. Mai 2007 startete die Initiative Mindestlohn von ver.di und NGG unter dem Motto „Arm trotz Arbeit" eine Tour mit einem Mindestlohn-Truck durch die Republik.

Auf dem 31. Deutschen Evangelischen Kirchentag (DEKT) vom 06.-10. Juni 2007 in Köln war der Mindestlohn-Truck ebenfalls präsent (vgl. den Beitrag von J. Klute in diesem Band, S. 71 ff.).

Am 19. 09. 2007 hat der Gewerkschaftsrat der SPD sich für die Einführung eines Mindestlohnes ausgesprochen.

Mittlerweile gibt es immerhin eine Ausweitung des Arbeitnehmer-Entsendegesetzes auf den Bereich der Gebäudereinigung und der Dachdecker. Das Arbeitnehmer-Entsendegesetz (AEntG) trat am 26. Februar 1996 in Kraft. Sein Geltungsbereich umfasste zunächst das Abruch- und Abwrackgewerbe, das Baugewerbe sowie das Maler- und Lackiererhandwerk. Eine Ausweitung des AEntG auf den Bereich der Briefzustellung ist gegenwärtig in der politischen Diskussion.

Das Mindestlohnkonzept der Linksfraktion ist charakterisiert durch die folgenden fünf Eckpunkte:

- Ein Mindestlohngesetz legt einen allgemeingültigen Mindestlohn fest.

- Ein Mindestlohngesetz legt fest, dass in den Branchen, in denen die tariflich vereinbarten Mindestentgelte über dem gesetzlichen Mindestlohn liegen, diese Tarife den allgemeinverbindlichen Mindestlohn für die jeweilige Branche bilden.

- Ein Mindestlohngesetz legt die Modalitäten der Einführung sowie der regelmäßig vorzunehmenden Anpassungen des Mindestlohns fest. Die Regelungen folgen dem Grundsatz der institutionalisierten Beteiligung die Tarifparteien.

- Der Einstieg in den gesetzlichen Mindestlohn erfolgt mit 8 Euro. Er kann in denjenigen Unternehmen schrittweise erfolgen, die nicht kurzfristig dazu in der Lage sind, ihren Beschäftigten einen Mindestlohn von 8 Euro zu zahlen.

- Nach dem Einstieg ist der Mindestlohn schrittweise soweit zu erhöhen, bis er ein Einkommen aus Vollzeiterwerbsarbeit oberhalb der Armutsgrenze ermöglicht. Danach ist der Mindestlohn regelmäßig so zu erhöhen, dass er dauerhaft oberhalb der Armutsgrenze verbleibt.

„Vielmehr muß die Entlohnung in Verbindung mit den staatlichen Steuern, Abgaben und Transfers auch ein den kulturellen Standards gemäßes Leben ermöglichen." So heißt es im Sozialwort der Kirchen von 1997 „Für eine Zukunft in Solidarität und Gerechtigkeit" in Absatz 151. Das mit den Gewerkschaften abgestimmte Mindestlonkonzept der Linksfraktion ist zu der aus dem Sozialwort zitierten Forderung bruchlos anschlussfähig.

Doch anders als zu anderen aktuellen politischen Themen – Gentechnik, Zuwanderung, Integration, Sterbehilfe, Bildung, um nur ein paar Themen zu nennen – hat sich die evangelische Kirche zum Thema Mindestlohn bisher sehr zurückgehalten.

Im April und Mai 2006 hat Matthias Zeeb vom Sozialwissenschaftlichen Institut der EKD in Hannover zwei Einschätzungen zum Mindestlohn veröffentlicht (sie sind in diesem Band auf den Seiten 33 ff. und 43 ff. wiedergegeben). Beide Texte äußern sich sehr skeptisch zum Mindestlohn und präferieren eher ein Kombilohnmodell.

Im Mai 2006 hat das Sozialpfarramt Herne eine Broschüre („Kirche und Mindestlohn. Argumente und Hintergrundinformationen", erhältlich als PDF Datei auf der Webseite www.stiftung-gute-arbeit.org) zum Thema Mindestlohn herausgegeben, die sich für einen Mindest ausspricht.

Der Kirchliche Dienst in der Arbeitswelt (KDA) der Lutherischen Kirche in Bayern folgte am 02. 11. 2006 mit einer Stellungnahme, die sich ebenfalls für einen Mindestlohn ausspricht.

Das Diakonische Werk in Hessen und Nassau hat am 09. 03. 2007 zusammen mit dem ver.di Landesbezirk Hessen eine Stellungnahme zugunsten eines Mindestlohnes abgegeben.

Dem folgte ebenfalls mit einem positiven Votum vom 26. 04. 2007 der Sozialausschuss des Kirchenkreises Unna (Westfalen).

Im Frühjahr 2007 hat der ver.di Landesbezirk NRW die drei Leitungen der drei evangelischen Landeskirchen in NRW (EKvW, EKiR, Lippe) und die Geschäftsführungen der entsprechenden Diakonischen Werke angeschrieben und sie um Unterstützung bei der Durchsetzung eines Mindestlohnes gebeten. Bis heute sind diese Anschreiben unbeantwortet geblieben.

In einem Flugblatt für den 31. Deutschen Evangelischen Kirchentag vom 6. – 10. Juni 2007 in Köln hat ver.di dieses Nichtreagieren öffentlich gemacht (siehe S. 65 ff. in diesem Band). Auch der Mindestlohn-Truck war auf dem Kirchentag präsent. Aktivisten der Initiative Mindestlohn haben den Truck begleitet und das Thema Mindestlohn KirchentagsbesucherInnen zu vermitteln versucht. Im Rahmen einer Veranstaltung mit Präses Schneider auf dem Kirchentag wurde das Thema Mindestlohn und das Nichtreagieren der Kirchen auf das ver.di Anschreiben durch eine ver.di Mitarbeiterin zum Thema gemacht. Daraufhin hat Präses Schneider öffentlich ein positives Votum für einen Mindestlohn abgegeben (siehe S. 71 ff. in diesem Band).

Mit einer Erklärung vom 18. Oktober 2007 hat sich der Sozialausschuss des Kirchenkreises Gladbeck – Bottrop – Dorsten ebenfalls hinter die Forderung nach einem gesetzlichen Mindestlohn gestellt.

Die Synoden der Kirchenkreise der Region Duisburg/Niederrhein haben sich im November 2007 ebenfalls für gesetzliche Mindestlöhne ausgesprochen und die Landessynode der Evangelischen Kirche im Rheinland (EKiR) gebeten, sich dieser Forderung anzuschließen: Kreissynode Dinslaken am 10. 11. 07; Kreissynode Duisburg am 03. 11. 07; Kreissynode Kleve am 10. 11. 07; Kreissynode Moers am 10. 11. 07 (sie hat zusätzlich per Beschluss den KDA aufgefordert, einen Bericht über die kirchlichen Arbeitsbedingungen zu erstellen); Kreissynode Wesel am 16. 11. 07.

Zwar bekommt das Thema Mindestlohn allmählich eine größere Aufmerksamkeit in der evangelischen Kirche. Doch wäre ein sehr viel offensiveres Eintreten für einen Mindestlohn vorstellbar und wünschenswert. Es entspräche den sozialethischen Grundlagen der evangelischen Kirche.

Natürlich gibt es Gründe für die Zurückhaltung der Kirchen. Ein Grund dürfte die Ökonomisierung vieler sozialer und diakonischer Arbeitsfelder sein. In den letzten Jahren sind soziale und diakonische Einrichtungen der Kirchen unter starken, politisch angestoßenen Wettbewerbsdruck geraten. Sie müssen sich unter diesem Druck immer stärker nach betriebswirtschaftlichen Prinzipien verhalten und Kosten senken. Es gehört offenbar zur Wettbewerbsstrategie der evangelischen Kirche und der Diakonie, sich durch eine Niedriglohnpolitik im Wettbewerb unter den Sozial- und Gesundheitsdienstleistern gegen die Konkurrenz aus dem so genannten Sozialmarkt durchzusetzen. Anzeichen dafür ist die Weigerung der Diakonie und der evangelischen Kirche, den TVöD zu übernehmen. Durch eine eigene Tarifstruktur will man deutlich unter dem Lohnniveau des TVöD bleiben (vgl. Jürgen Klute / Franz Segbers: Gute Arbeit verdient ihren gerechten Lohn. Tarifverträge für die Kirchen. Hamburg, 2006, S. 177). Die Auslagerung von Teilen der Belegschaft in eigene Leiharbeitsfirmen ist ein anderes Moment dieser Strategie (vgl. Klute/Segbers, S. 18 ff., 178 ff.; Norbert Manterfeld: Perspektiven der Zeitarbeit in der Diakonie nach dem Beschluss des KGH.EKD, in: Arbeitsrecht und Kirche, Nr. 2–2007, S. 30 ff.). Wolfgang Teske, Vizepräsident des Diakonischen Werkes der EKD hat das in seinem Vortrag „Kostendruck und Niedriglöhne - Diakonie ohne Gestaltungsspielräume?" im Rahmen der Veranstaltung „Gute Arbeit verlangt ihren gerechten Lohn" der Evangelischen Akademie Arnoldsheim, des Diakonischen Werkes Hessen Nassau und der Vereinigten Dienstleistungsgewerkschaft (ver.di) Landesbezirk Hessen am 30. Mai 2006 in Frankfurt am Main ebenfalls sehr offen und deutlich formuliert. Dort heißt es: „Letztendlich kann aber Gleichbehandlung nur dann erreicht werden, wenn es uns in der Diakonie gelingt, auch für Menschen mit geringer Qualifikation oder ohne Ausbildung sozialversicherungspflichtige Beschäftigungsverhältnisse in einem geregelten Niedriglohnsektor zu schaffen. Auch diese Menschen müssen die Möglichkeit haben, direkt Mitarbeitende in einer diakonischen Einrichtung zu werden. Der Weg dorthin ist nicht einfach, aber es lohnt sich, ihn in unseren Strukturen, d.h. innerhalb des Dritten Weges zu gehen." (Teske, Manuskript, S. 7) Immerhin hat sich der Kirchengerichtshof der Evangelischen Kirche in Deutschland in einem Urteil vom 09. Oktober 2006 eindeutig gegen ersetzende Leiharbeit und für auskömmliche Löhne in Kirche und Diakonie ausgesprochen (vgl. S. 47 f. in diesem Band). Am 22. Oktober 2007 hat die kirchliche Schiedsstelle auf eine Sitzung in Düsseldorf entschieden, dass die Evangelische Kirchen von Westfalen (EKvW), die Evangelische Kirche im Rheinland (EKiR) und die Lippische Landeskirche (alle drei Kirchen liegen – zumindest teilweise – auf dem Territorium NRWs – sowie deren Diakonische Werke den TVöD anzuwenden haben. Einer Politik der Unterbietung des TVöD durch ein eigenständiges kirchliches Tarifsystem, um sich so Wettbewerbsvorteile zu sichern, ist damit eine Absage erteilt worden. In der Summe bilden diese drei Kirchen ein erhebliches Gewicht in der EKD, so dass diese Entscheidung der Schiedsstelle nicht ohne Auswirkungen auf die Landeskirchen bleiben dürfte, die diese Frage noch zu entscheiden haben. Durch diese Entscheidungen werden die evangelischen Kirchen und ihre diakonischen Werke in ihrer Rolle als Arbeitgeberinnen auf der praktischen Ebene in Richtung eines Mindestlohnes gedrängt.

Diese Niedriglohn-Strategie ist für die evangelische Kirche nicht nur im Blick auf ihren arbeitsrechtlichen Status (vgl. Klute/Segbers, S. 14 ff.) riskant. 1955 hat sich die evangelische Kirche ganz offiziell dazu entschieden, die alten Gräben zwischen ihr und den Gewerkschaften zu überwinden. Bis zum Zeitpunkt des Erscheinens des Sozialwortes (1997) hat die evangelische Kirche einen konstruktiven Dialog mit den Gewerkschaften geführt, sofern es nicht um Kirche als Arbeitgeberin ging. Manche Denkschrift der EKD hat die Anliegen von Arbeitnehmerinnen und Arbeitnehmern und Gewerkschaften positiv aufgenommen. Mit der jetzigen Positionierung der evangelischen Kirche zum Mindestlohn wird diese rund ein halbes Jahrhundert dauernde Geschichte des konstruktiven Dialogs zwischen Kirche und Gewerkschaften zur Disposition gestellt. Es ist die erste wirkliche Bewährungsprobe des positiv gewordenen Verhältnisses zwischen evangelischer Kirche und Gewerkschaften. Ein negativer Ausgang dieser Bewährungsprobe hätte nachhaltig negative Wirkungen für die evangelische Kirche und ihr Verhältnis zu Gewerkschaften und Arbeitnehmerschaft.

16

Es ist zu fragen, ob die Kirche klug handelt, wenn sie sich reflexions- und widerspruchslos auf einen Wettbewerb im Sozial- und Gesundheitsbereich einlässt und damit die Ökonomisierung dieser Bereiche forciert. Denn das ist die praktische Folge kirchlichen Verhaltens in dieser Frage aufgrund ihrer marktbeherrschenden Stellung in diesem Bereich. Schließlich konterkariert diese Strategie von Kirche und Diakonie auch das Bestreben vieler Bürgerinnen und Bürger dieses Landes, die Privatisierung und den Ausverkauf öffentlicher Daseinsvorsorge zu stoppen. Soziale und gesundheitliche Dienste der Kirchen und der Diakonie sind ja Teil der öffentlichen Daseinsvorsorge – nur dass sie zivilgesellschaftlich und nicht staatlich organisiert sind. Da die Finanzierung der sozialen Sicherungssysteme sowie der Kirchen, aber auch der Gewerkschaften, lohnabhängig sind, bedeutet die weitere Absenkung von Löhnen auch eine Absenkung der von Löhnen abhängigen Beitragszahlungen.

Die Einführung eines Mindestlohnes wäre eine Alternative zum Wettbewerb über Lohndumping. In der Entlohnung sozialer und gesundheitlicher Dienste würden gleiche Entlohnungsbedingungen für alle Anbieter dieser Dienste geschaffen. Damit wäre eine berechenbare Grundlage sowohl für die Beschäftigten als auch für die Anstellungsträger geschaffen. Die Forderung eines Mindestlohnes brächte die evangelische Kirche keineswegs in einen inneren Widerspruch. Er käme ihr zugute.

Wie schon erwähnt ist eine deutliche Mehrheit unserer Gesellschaft für die Einführung eines Mindestlohnes. Die gegenwärtige Bundestagsmehrheit spiegelt somit nicht die Mehrheitsverhältnisse der von ihr repräsentierten Bürgerinnen und Bürger wieder. Ein offensives Eintreten der evangelischen Kirche für einen Mindestlohn wäre in der aktuellen politischen Diskussionslage ein wichtiges Signal. Sie würde die Durchsetzung eines gesetzlichen Mindestlohns befördern und käme der politischen Kultur in unserer Gesellschaft zugute.

Diese Dokumentation hat das Ziel, dazu beizutragen und die innerkirchliche Diskussion über einen Mindestlohn zu befördern, indem sie die innerkirchliche Diskussion transparenter macht und die Argumente für einen Mindestlohn darlegt und nachvollziehbarer macht.

Bochum | Herne | Recklinghausen, im November 2007

Die Herausgeber

Jürgen Klute

Warum der Mindestlohn ein zentrales sozialethisches Thema ist

Vor einiger Zeit sagte mir ein Facharbeiter aus der Baubranche: "Wer heute Arbeit, hat ist ein König. Und bevor ich in Hartz IV gehe, verzichte ich lieber auf Urlaubsgeld und Weihnachtsgeld. Denn wenn du einmal in Hartz IV bist, dann kommst du da nicht mehr raus." Gleichwohl, erzählte er weiter, kann seine Familie von seinem Einkommen nicht leben. Sie können ihren Lebensunterhalt nur dann abdecken, wenn seine Frau mitarbeitet. Der Baubereich gehört eben zu den niedrigeren Einkommenssektoren, obgleich der Bausektor noch nicht zum untersten Teil dieses Sektors zählt.

Dass dies keine Einzelbeobachtung ist, belegt eine Studie des Nürnberger Instituts für Arbeitsmarkt- und Berufsforschung (IAB). Laut dieser Studie gaben 20 % der befragten Unternehmen an, dass die Bereitschaft zu Zugeständnissen bei arbeitslosen Bewerbern gestiegen sei. Etwa ein Drittel der Betriebe sieht nach dieser Studie einen Zusammenhang zwischen der Arbeitsmarktreform Hartz IV und den Änderungen im Bewerberverhalten (vgl. Bericht „Lohnverzicht aus Angst vor Hartz IV" in: Neues Deutschland, 02. Oktober 2007, S. 4). Hartz IV hat also eine doppelte Wirkung: Eine direkte auf diejenigen, die arbeitslos sind und eine indirekte auf diejenigen, die in einem Lohnarbeitsverhältnis sind. Das Ergebnis ist in beiden Fällen das gleiche: niedrigere Einkommen und insgesamt schlechtere Arbeits- und Lebensbedingungen.

Im Niedriglohnsektor arbeiten mittlerweile 36 Prozent der Vollzeitbeschäftigten: Ein Anteil von 24 Prozent der Vollzeitbeschäftigten bekommt prekäre Löhne, ein Anteil von 12 Prozent erhält Armutslöhne.

Prekäre Löhne bedeuten weniger als 2.163 Euro monatlicher Bruttolohn bei einer Vollzeitstelle, was 75 Prozent des Durchschnittslohns entspricht.

Als Armutslöhne gelten Löhne, die unterhalb von 50 Prozent des Durchschnittslohns liegen. Das sind derzeit 1.470 Euro brutto im Monat für eine Vollzeitarbeit.

In absoluten Zahlen bedeutet das, dass etwa sieben Millionen Arbeitnehmer und Arbeitnehmerinnen für Niedrig- und Armutslöhne arbeiten (müssen). (Quelle der hier aufgeführten Zahlen: diverse Mindestlohninformationen von ver.di, Abteilung Wirtschaftspolitik, Stand: 2006.)

Aufgrund des so genannten Lohnabstandsgebots drücken Niedriglöhne auch das ALG II nach unten. *(Das Lohnabstandsgebot wurde 1996 eingeführt und löste das bis dahin gültige Bedarfsdeckungsprinzip – Stichwort: Warenkorb – zur Ermittlung des Sozialhilfesatzes ab. Es schreibt einen Abstand zwischen den untersten Lohngruppen und dem Arbeitslosengeld II – früher der Sozialhilfe bzw. der Hilfe zum Lebensunterhalt – vor, um die Bezieher und Bezieherinnen dieser Leistungen zur Aufnahme einer Erwerbsarbeit zu „motivieren". Dahinter steht die Idee, dass Menschen, die arbeiten, mehr Geld haben sollen, als die, die nicht arbeiten. Vgl. dazu § 28 Abs. 4 SGB XII.)*

Ein Mindestlohn dient somit vor allem der Armutsbekämpfung. Er käme unmittelbar den Arbeitnehmern und Arbeitnehmerinnen der unteren Lohngruppen zugute, schütze höhere Lohngruppen vor einer Lohnabsenkung und indirekt käme er den erwerbsarbeitslosen Menschen zugute, indem ihre Leistungen infolge des Lohnabstandsgebotes, das die untersten Lohngruppen, faktisch also den Niedriglohnsektor, zum Maßstab hat, nicht noch weiter nach unten gedrückt würden.

Wie der eingangs zitierte Baufacharbeiter völlig treffend beschrieben hat, wirkt Hartz IV bis weit in die Betriebe hinein. Diese Wirkung ist von neoliberaler Seite mindestens so erwünscht wie der unmittelbare Druck auf die Erwerbsarbeitslosen. Hartz IV bedeutet ja nicht nur die Zusammenführung der ehemaligen Arbeitslosenhilfe und der Sozialhilfe. Allein dies ist schon ein Problem. Die alte Arbeitslosenhilfe war zwar abhängig vom Familieneinkommen, aber andererseits war sie auch abhängig vom letzten Einkommen der Arbeitslosenhilfeberechtigten. Das ALG II hat diesen Bezug nicht mehr. Zugleich ist die Höhe des so genannten Schutzvermögens drastisch reduziert und sind die alten Zumutbarkeitskriterien durch Hartz IV beseitigt worden. Zumutbarkeitskriterien hat bedeutet, dass nicht jede Arbeit von einem Arbeitssuchenden angenommen werden musste. U.a. musste die ihm von der Arbeitsverwaltung angebotene Arbeit seiner Ausbildung und Qualifikation entsprechen. Durch Hartz IV sind Arbeitssuchende gezwungen, jede ihnen angebotene Arbeit anzunehmen – faktisch zu jedem Lohn. Andernfalls droht eine Kürzung des ALG II. Hinzu kommt die durch Hartz II initiierte Deregulierung der Leiharbeit. Die Kombination von Hartz IV und Hartz II hat für viele Arbeitnehmerinnen und Arbeitnehmer eine Lohnspirale nach unten in Gang gesetzt. Wie dieser Prozess innerbetrieblich wirkt, hat der eingangs zitierte Baufacharbeiter gut skizziert. Mit anderen Worten: Die alte Arbeitslosenhilfe hat eine Lohn erhaltende Funktion gehabt, die strukturell bzw. gesetzlich verankert war. Genau diese Lohn erhaltende Funktion ist durch Hartz IV in Kombination mit Hartz II, der Deregulierung der Leiharbeit, beseitigt worden.

Diese Beseitigung der Lohn erhaltenden Funktion macht Arbeitnehmer und Arbeitnehmerinnen, die noch in Arbeit sind, nahezu grenzenlos erpressbar. Aber gerade die Begrenzung dieser Art von Erpressbarkeit, die sowohl Schutz der Menschenwürde als auch einen Mindestschutz vor Armut bedeutet, war ursprünglich eines der zentralen politischen Anliegen der Arbeitslosenversicherung.

„Denn die den Rechtsanspruch auf Arbeitslosenunterstützung gewährleistende Arbeitslosenversicherung hat höheren Sinn und Zweck als ausschließlich den der Bewahrung des einzelnen Arbeitslosen vor Hunger und Not. Sie schützt nicht nur den Arbeitslosen selbst, sie schützt auch den Arbeiter im Betriebe vor Verschlechterungen der Arbeitsbedingungen; sie fängt die Rückschläge sinkender Konjunktur auf, weil sie die Rückzugslinie bildet, die einer wirtschaftlich geschwächten Arbeiterschaft den Widerstand gegen schrankenlose Ausnutzung des Konjunkturrückgangs ermöglicht. So schützt sie als lohnerhaltendes Element die Arbeiterschaft. Aber sie schützt auch die gesamte Volkswirtschaft vor planloser Vernichtung der Kaufkraft. Hier wird der eigentliche volkswirtschaftliche Sinn der Arbeitslosenversicherung offenbar, daß sie nämlich zwar nicht unmittelbar die Konjunktur zu beeinflussen vermag, aber die Rückschläge der Konjunktur ausgleicht und durch die Abwehr der willkürlichen Lohnverschlechterung die wichtigsten Voraussetzungen für die Wiedergesundung aufrechterhält." Dies schrieb Fritz Naphtali 1928 in seinem Buch „Wirtschaftsdemokratie" (Naphtali: 161) zum Sinn und zur Funktion der Arbeitslosenversicherung, die ein Jahr zuvor eingeführt worden war. Durch die Zusammenlegung von Sozialhilfe und Arbeitslosenhilfe zum Arbeitslosengeld II und die drastische Verkürzung der Bezugsdauer des ALG I (= Hartz IV) sowie durch die Deregulierung der Leiharbeit (= Hartz II) ist die Funktion der Arbeitslosenversicherung als „lohnerhaltendes Element" beseitigt worden. Hartz IV und Hartz II schwächen die Arbeitnehmer und Arbeitnehmerinnen und ihre Gewerkschaften politisch. Hartz IV und Hartz II (letztlich die gesamte Agenda 2010 der Schröder-Regierung) sind ein (sozial)politischer und zivilisatorischer Rückschritt.

Erst auf diesem Hintergrund ist der gesetzliche (!) Mindestlohn zu einer unabdingbaren Forderung geworden. Denn auch er hat eine lohnerhaltende Funktion; unter den gegebenen Bedingungen wäre er das zentrale lohnerhaltende Element in den sozialen Sicherungssystemen und insofern eine Kompensation dessen, was durch Hartz IV und Hartz II an politischer Schwächung der Arbeitnehmerseite durchgesetzt worden ist. Von daher erklärt sich aber auch der vehemente Widerstand gegen einen Mindestlohn im neoliberalen Lager.

Naphtalis sozialpolitische Argumentation geht noch weiter: "Damit ist eine weitere Ergänzung zu dem Schuldrecht der Arbeit entstanden, indem neben diesem Schuldrecht der Arbeit ein soziales Güterrecht der Arbeiter geschaffen wurde. Im System des »freien Arbeitsvertrages« ist die Verteilung der Güter an die einzelnen »Personen« dem Zufall des »freien Spiels der Kräfte« überlassen. Durch das neue soziale Güterrecht wird bewußt zugunsten des Menschen eine neue Verteilungsordnung herbeigeführt, die dem automatischen Verlauf der Güterbewegung bestimmte Wege im Interesse einer bestimmten Klasse vorschreibt. *Diese Verteilungsordnung verleiht dem Arbeiter einen unentziehbaren Existenzanteil an dem Sozialprodukt der Wirtschaft, der ihn befähigt, in bestimmten Fällen seine wirtschaftliche Existenz aufrechtzuerhalten, ohne daß er im Besitz von Vermögen ist.* (Hervorh. v. J. Klute) Während der Arbeitsschutz die soziale Existenz des Arbeiters sichert, indem er bestimmte, in der physischen Existenz des Arbeiters begründete Lebensgüter der gesellschaftlichen Verfügung entzieht, ist sie durch die Arbeiterversicherung dadurch gesichert, daß dem Arbeiter bestimmte, für seine wirtschaftliche Existenz unentbehrliche gesellschaftliche Lebensgüter zugeführt werden." (Naphtali: 145) Naphtali geht in seiner Argumentation von einem unbedingten Existenzrecht eines jeden Menschen aus, das ihm infolge seiner Geburt zueigen ist. Er argumentiert also auf der Grundlage der allgemeinen Menschenrechte. Dieses von Naphtali postulierte unbedingte Existenzrecht wird aber nur real, wenn es einen entsprechenden materiellen Unterbau hat, sprich: Wenn jeder Mensch einen Anspruch auf eine materielle Grundsicherung in allen Lebenslagen hat, die ein Leben in Würde ermöglicht. Im konkreten Kontext argumentiert Naphtali so für die sozialen Sicherungssysteme für Arbeitnehmer und Arbeitnehmerinnen. Von dieser argumentativen Grundlage aus lässt sich aber ebenfalls ein gesetzlicher Mindestlohn begründen, der für Naphtali seinerzeit nicht auf der politischen Tagesordnung stand.

An dieses Argumentationsmuster von Naphtali kann eine biblisch begründete evangelische Sozialethik gut anknüpfen.

"Es sollte kein Armer unter euch sein", heißt es im 5. Buch Moses, Kapitel 15, Vers 4. Der Schutz und das Recht der Armen spielt im Alten Testament eine zentrale Rolle. In der Reichtumskritik des Neuen Testaments und in der gelegentlich auch als Liebes-Kommunismus bezeichneten Gütergemeinschaft in der ersten christlichen Gemeinde, so wie sie zu Beginn der Apostelgeschichte des Lukas (Apostelgeschichte 4, 32-37) beschrieben wird, findet das Recht der Armen eine neutestamentliche Entsprechung. Aber auch die paulinische Rechtfertigungslehre lässt sich in diesem Sinne interpretieren. Sie betont, dass der Mensch allein aus Gnade, aus dem Zuspruch Gottes lebt und nicht der Rechtfertigung durch eigene Leistungen bedarf.

Auf den praktischen Lebensalltag bezogen bedeutet dies, dass jeder Mensch das gleiche Existenzrecht hat und dass dies niemandem von einem Menschen abgesprochen werden kann, da es eine Gabe Gotte ist. Damit steht auch jedem Menschen ein entsprechender Anteil aus den gesellschaftlich erwirtschafteten Gütern zur Sicherung seiner Existenz zu – sofern es anders nicht möglich ist, auch ohne dass es einer adäquaten Gegenleistung dafür bedarf.

Der Schutz vor Armut ist ein zentrales Anliegen alttestamentlicher und neutestamentlicher Theologie. Der Schutz vor Armut, das Recht der Armen ist dem entsprechend ein grundlegender Ausdruck christlicher Lebenspraxis.

Diese biblischen Grundlagen haben Eingang gefunden in eine Vielzahl kirchlich-sozialpolitischer Stellungnahmen. Stellvertretend wir hier ein Abschnitt aus dem Sozialwort der Kirchen von 1997 (DBK/EKD 1997) zitiert:

„(105) Die christliche Nächstenliebe wendet sich vorrangig den Armen, Schwachen und Benachteiligten zu. So wird die Option für die Armen zum verpflichtenden Kriterium des Handelns. Die Erfahrung der Befreiung aus der Knechtschaft, in der sich Gottes vorrangige Option für sein armes, geknechtetes Volk bezeugt, wird in der Ethik des Volkes Israel zum verbindlichen Leitmotiv und zum zentralen Argument für die Gerechtigkeitsforderung im Umgang mit den schwächsten Gliedern der Gesellschaft: Das Recht der Armen wird begründet mit der Erinnerung an die Rettung aus der Sklaverei: ‚Du sollst das Recht von Fremden, die Waisen sind, nicht beugen. Du sollst das Kleid einer Witwe nicht als Pfand nehmen. Denk daran: Als du in Ägypten Sklave warst, hat dich der Herr, dein Gott, dort freigekauft. Darum mache es dir zur Pflicht, diese Bestimmung einzuhalten.‘ (Dtn/5. Mos 24,17f) Besonders eindringlich prangern die Propheten Ungerechtigkeit, Ausbeutung und Unterdrückung an, die das Leben der Gesellschaft Israels vergiften, und stellen die Verantwortlichen unter das Urteil Gottes (Am 2,6f u.a.). Dabei geht es nicht um Vernichtung, sondern um die Rettung der ganzen Gemeinschaft des Gottesvolkes. Entscheidend ist: Der lebensförderliche Umgang mit den Armen, die Verwirklichung von Recht und Gerechtigkeit sind Indiz der Treue zum Gottesbund.

(106) In der Gerichtsrede des Matthäusevangeliums gewinnt der Zusammenhang zwischen der Option Gottes für die Armen und dem gerechten Tun der Menschen sehr konkreten Ausdruck. Jesus Christus macht die Entscheidung über die endgültige Gottesgemeinschaft der Menschen abhängig von der gelebten Solidarität mit den Geringsten. ‚Kommt her, die ihr von meinem Vater gesegnet seid, nehmt das Reich in Besitz, das seit der Erschaffung der Welt für euch bestimmt ist. Denn ich war hungrig, und ihr habt mir zu essen gegeben; ich war durstig, und

ihr habt mir zu trinken gegeben; ich war fremd und obdachlos, und ihr habt mich aufgenommen; ich war nackt, und ihr habt mir Kleidung gegeben; ich war krank, und ihr habt mich besucht; ich war im Gefängnis, und ihr seid zu mir gekommen [...] Amen, ich sage euch: Was ihr für einen meiner geringsten Brüder getan habt, das habt ihr mir getan.' (Mt 25,34-36.40) Die versöhnliche Begegnung mit den Armen, die Solidarität mit ihnen, wird zu einem Ort der Gottesbegegnung.

(107) In der vorrangigen Option für die Armen als Leitmotiv gesellschaftlichen Handelns konkretisiert sich die Einheit von Gottes- und Nächstenliebe. In der Perspektive einer christlichen Ethik muß darum alles Handeln und Entscheiden in Gesellschaft, Politik und Wirtschaft an der Frage gemessen werden, inwiefern es die Armen betrifft, ihnen nützt und sie zu eigenverantwortlichem Handeln befähigt. Dabei zielt die biblische Option für die Armen darauf, Ausgrenzungen zu überwinden und alle am gesellschaftlichen Leben zu beteiligen. Sie hält an, die Perspektive der Menschen einzunehmen, die im Schatten des Wohlstands leben und weder sich selbst als gesellschaftliche Gruppe bemerkbar machen können noch eine Lobby haben. Sie lenkt den Blick auf die Empfindungen der Menschen, auf Kränkungen und Demütigungen von Benachteiligten, auf das Unzumutbare, das Menschenunwürdige, auf strukturelle Ungerechtigkeit. Sie verpflichtet die Wohlhabenden zum Teilen und zu wirkungsvollen Allianzen der Solidarität."

Etwas später in Abschnitt 112 heißt es:

„(112) In dem Begriff der sozialen Gerechtigkeit drückt sich aus, daß soziale Ordnungen wandelbar und in die gemeinsame moralische Verantwortung der Menschen gelegt sind. Zur Verwirklichung von Gerechtigkeit gehört es daher, daß alle Glieder der Gesellschaft an der Gestaltung von gerechten Beziehungen und Verhältnissen teilhaben und in der Lage sind, ihren eigenen Gemeinwohlbeitrag zu leisten. ‚Suche nach Gerechtigkeit ist eine Bewegung zu denjenigen, die als Arme und Machtlose am Rande des sozialen und wirtschaftlichen Lebens existieren und ihre Teilhabe und Teilnahme an der Gesellschaft nicht aus eigener Kraft verbessern können. Soziale Gerechtigkeit hat insofern völlig zu Recht den Charakter der Parteinahme für alle, die auf Unterstützung und Beistand angewiesen sind [...] Sie erschöpft sich nicht in der persönlichen Fürsorge für Benachteiligte, sondern zielt auf den Abbau der strukturellen Ursachen für den Mangel an Teilhabe und Teilnahme an gesellschaftlichen und wirtschaftlichen Prozessen.'“

Mindestlohn als Ausdruck sozialer Gerechtigkeit und solidarischen Teilens

Die im Sozialwort beschriebene Option für die Armen als Leitmotiv gesellschaftlichen Handelns zielt einerseits darauf, politisches und wirtschaftliches Handeln unter der Perspektive zu betrachten und zu beurteilen, wie dieses Handeln sich auf die Armen auswirkt: ob es ihnen nützt, ihre Armut zu überwinden, oder ob es die Armut konserviert oder gar ausweitet und verschärft. Andererseits zielt die Option für die Armen auf eine Umverteilung von oben nach unten, wenn es heißt: "Sie verpflichtet die Wohlhabenden zum Teilen und zu wirkungsvollen Allianzen der Solidarität."

Dabei geht es nicht um das Verteilen von Almosen. Es geht vielmehr um gerechte Strukturen. Ausdrücklich weist das Sozialwort in dem letzten der oben zitierten Abschnitte darauf hin, dass soziale Gerechtigkeit sich nicht in persönlicher Fürsorge für Benachteiligte erschöpft, sondern dass sie auf den Abbau der strukturellen Ursachen für den Mangel an Teilhabe und Teilnahme an gesellschaftlichen und wirtschaftlichen Prozessen zielt.

Die gegenwärtige strukturelle Schwäche der Gewerkschaften als Interessenvertretung und Schutzmacht der Arbeitnehmerinnen und Arbeitnehmer ist eine wesentliche Ursache für die Ausweitung von Niedriglöhnen und prekärer Beschäftigung. Der gesetzliche Mindestlohn ist eine strukturelle Antwort auf diese Situation und ist konzipiert als Schutz vor Armut trotz Arbeit (working poor). Er ist also ein Instrument, um strukturelle Ursachen für den Mangel an Teilhabe und Teilnahme an gesellschaftlichen und wirtschaftlichen Prozessen, wie das Sozialwort es formuliert, zu beseitigen. Zugleich ist es eine Form gesellschaftlichen Teilens bzw. Umverteilens von oben nach unten. Eine Forderung, die das Sozialwort mit den Worten beschreibt: "(174) [...] Arbeit ist genügend vorhanden. Es müssen Mittel und Wege gefunden werden, den gesellschaftlichen Reichtum so einzusetzen, daß sie auch bezahlt werden kann." Ein Weg dazu sind Mindestlöhne, wie die Beispiele aus anderen europäischen Ländern zeigen.

In diesem Sinne ist ein gesetzlicher Mindestlohn – insbesondere auch in seiner Funktion als Lohn erhaltendes Element – Ausdruck sozialer Gerechtigkeit, wie sie im Alten und im Neuen Testament und im Sozialwort der Kirchen verstanden wird. Das Sozialwort der Kirchen fordert dem entsprechend in Absatz 151: „Vielmehr muß die Entlohnung in Verbindung mit den staatlichen Steuern, Abgaben und Transfers auch ein den kulturellen Standards gemäßes Leben ermöglichen." Angesichts dieser selbst erhobenen Forderung stehen die Kirchen nun in der Pflicht, sich für die politische Durchsetzung eines gesetzlichen Mindestlohnes zu engagieren.

An dieser Stelle muss auch noch kurz auf die Haltung des Sozialwissenschaftlichen Instituts der Evangelischen Kirche in Deutschland (SI) zum Mindestlohn eingegangen werden. Formuliert wurde die Position in zwei Texten von Matthias Zeeb, Diplom-Volkswirt und Mitarbeiter des SI: "Mindestlohn: Ja oder Nein?" vom 12. April 2006 und "Mindestlohn mit Bedacht einführen" vom 30. Mai 2006.

Zeeb räumt zwar ein, dass die Einführung des Mindestlohnes in Großbritannien keine negativen Wirkungen auf den Arbeitsmarkt und auf die Wirtschaft gehabt hat. Doch dieses Argument relativiert er mit dem Verweis auf die unterschiedlichen ökonomischen Kontexte in Großbritannien und in der Bundesrepublik. (Zeeb II: 3) Dieses Argument wäre aber nur dann überzeugend, wenn er alle EU-Länder mit einem Mindestlohn in seine Betrachtung einbezogen hätte.

Im Kern seiner Vorbehalte gegenüber der Einführung eines Mindestlohnes steht jedoch die Annahme, dass die Unternehmen damit überfordert sein könnten und es infolge dessen zu negativen Wirkungen auf den Arbeitsmarkt kommen könnte:

"Im Blick auf das Verhältnis zwischen Beschäftigten und Unternehmen ist ein Mindestlohn also durchaus eine bedenkenswerte Maßnahme, die die Position der schwächsten Teilnehmer am Arbeitsmarkt weit mehr stärken kann, als in der bloßen Einkommenserhöhung zum Ausdruck kommt. Schwieriger wird die Beurteilung dann, wenn durch die niedrige Entlohnung zusätzliche Beschäftigung möglich ist, die durch einen Mindestlohn gefährdet würde. [...]

Unternehmen können zur Zahlung eines Mindestlohnes gezwungen werden, aber nicht, zu diesem Lohn auch Menschen einzustellen, wenn sie den erwarteten Beitrag zur Wertschöpfung des Unternehmens als geringer einschätzen. Wenn die Gefahr negativer Beschäftigungswirkungen durch die Einführung eines Mindestlohnes besteht, wie es bei dem vorgeschlagenen Lohnsatz für die Arbeitsmarktlage und Lohnstruktur in Ostdeutschland zu befürchten ist, dann kann die Bewertung nicht mehr nur die Beschäftigten berücksichtigen, sondern muss die, die erfolglos Arbeit suchen, mit in den Blick nehmen. Arbeit, auch niedrig entlohnte Arbeit, bedeutet in aller Regel mehr soziale und gesellschaftliche Integration und höhere Lebenszufriedenheit als in der Arbeitslosigkeit für dieselbe Person möglich wäre. Diese Einschätzung legt dann auch nahe, im Zweifel auf die Seite eines niedrigeren Mindestlohnes zu neigen oder ganz auf einen Mindestlohn zu verzichten." (Zeeb II: 3) Statt eines Mindeslohnes präferiert Zeeb einen Niedriglohnsektor mit staatlichen Ergänzungsleistungen, also ein Kombilohnmodell.

Als erstes fällt auf, dass Zeeb mit dieser Argumentation den Beschäftigten die Verantwortung für die Überwindung der Arbeitslosigkeit zuweist, indem er auskömmliche Löhne als potentiell arbeitsplatzvernichtend darstellt. Dem gegenüber hat das Sozialwort (Absatz 174) eingefordert, den vorhandenen gesellschaftlichen Reichtum (der sich in Händen nur Weniger befindet; deshalb auch die Forderung der Sozialwortes nach einem Reichtumsbericht) zur Schaffung neuer Erwerbsarbeitsmöglichkeiten zu nutzen.

Des weiteren beschreibt Zeeb exakt die Folgen der Beseitigung des Lohnerhaltenden Elements bzw. die Folgen der Erpressbarkeit von Arbeitnehmerinnen und Arbeitnehmer, der – wie Naphtali beschreibt – durch die Arbeitslosenversicherung bzw. durch das Lohn erhaltende Element der Arbeitslosenversicherung Schranken gesetzt werden sollten. Es geht hier nicht um Besitzstandswahrung, wie gelegentlich behauptet wird, sondern um den Schutz vor Armut und um das Recht auf ein würdiges Leben.

Zeeb stellt in seinen Ausführungen eine betriebswirtschaftliche Argumentation einer sozialethischen gegenüber, ohne zu klären, ob diese beiden Argumentationen sich auf einer gleichen Ebene befinden, oder ob sie in einem hierarchischem Verhältnis zueinander stehen. In seiner Schlussfolgerung gibt er der betriebswirtschaftlichen Argumentation jedoch den Vorrang vor der sozialethischen. Seine Schlussfolgerung lautet: Besser Erwerbsarbeit – egal zu welchen Bedingungen – als erwerbsarbeitslos zu sein. Damit folgt er einem neoliberalen (und spät-sozialdemokratischen) Arbeitsverständnis, das Erwerbsarbeit zum Selbstzweck erklärt ohne jedes Interesse für die Bedingungen, unter denen sie erfolgt. Ein Blick auf politische Alternativen und auf die seit Beginn dieses Jahrzehnt neu aufgekommene Debatte über menschenwürdige Arbeit bzw. über die Qualität der Arbeit (vgl. u.a. Klute/Schlender/Sinagowitz) wird damit systematisch verbaut.

Es wäre doch auch aus betriebswirtschaftlicher Sicht zumindest die Frage zu stellen, ob Betriebe, die so unwirtschaftlich sind bzw. agieren, dass sie keine auskömmlichen Löhne zahlen können, in der BRD akzeptabel und wünschenswert sind, und mehr noch ist zu fragen, ob so unwirtschaftliche Betriebe geeignet sind, das zu gewährleisten, was Wirtschaftsvertreter immer wieder als vorrangiges Ziel beschreiben: eine auf den globalen Märkten leistungs- und konkurrenzfähige Wirtschaft der BRD.

Das SI der EKD verortet sich mit seiner Positionierung zum Mindestlohn, die eine Zementierung von Armut und sozialer Spaltung der Gesellschaft statt deren Bekämpfung zur Konsequenz hat, im neoliberalen Lager.

Friedrich August von Hayek, einer der frühen und der prominentesten Verfechter neoliberaler Ideologie, vertritt das Konzept einer gespaltenen Gesellschaft. Die

Spannung zwischen Armen und Reichen innerhalb einer Gesellschaft deklariert Hayek als die zentrale Antriebskraft gesellschaftlichen und technischen Fortschritts: „Das meiste, wonach wir streben," so führt Hayek dazu in seinem Spätwerk „Verfassung der Freiheit" aus, „sind Dinge, die wir wollen, weil andere sie schon haben. Doch während sich eine fortschreitende Gesellschaft auf diesen Prozess des Lernens und des Nachahmens stützt, behandelt sie die Wünsche, die sie weckt, nur als Ansporn zu weiteren Bemühungen. Sie sichert die Ergebnisse nicht jedem zu. Sie kümmert sich nicht um die Pein unerfüllter Wünsche, die durch das Beispiel anderer geweckt werden. Sie erscheint grausam, weil sie in demselben Maß wie ihre Gaben an einige die Wünsche aller vermehrt. Aber so lange sie [die Gesellschaft; Anm. d. A.] sich im Fortschritt befindet, müssen einige führen und die Übrigen nachfolgen." (Hayek 1991: 56)

Einige Zeilen später fährt Hayek fort: „Es gibt kein anwendbares Maß für den Grad der Ungleichheit, die hier wünschenswert ist. Wir wünschen natürlich nicht, daß die Position Einzelner durch willkürliche Entscheidung bestimmt wird oder daß bestimmten Personen ein Privileg gegeben wird. Es ist jedoch schwer einzusehen, in welchem Sinn es je berechtigt sein könnte, zu sagen, daß irgend jemand den anderen zu weit voraus ist oder daß es für die Gesellschaft nachteilig ist, wenn der Fortschritt einiger den anderer stark überholt. [...] Die Einwände beruhen auf der falschen Vorstellung, daß die Führenden etwas für sich in Anspruch nehmen, was sonst den Übrigen zur Verfügung stünde. Das wäre der Fall, wenn wir an eine einmalige Verteilung der Früchte vergangenen Fortschritts dächten und nicht an jenen kontinuierlichen Fortschritt, den unsere ungleiche Gesellschaft begünstigt." (Hayek 1991: 57)

Dem entsprechend hält Hayek den Begriff soziale Gerechtigkeit – also einen zentralen Begriff evangelischer Sozialethik – für Unsinn, wie er in einem Interview mit der Wirtschaftswoche 1981 (Hayek 1981) ausgeführt hat:

„Der Ausdruck soziale Gerechtigkeit gehört nicht in die Kategorie des Irrtums, sondern in die des Unsinns wie der Ausdruck ‚ein moralischer Stein'."

Im gleichen Interview heißt es weiter: „Was heißt denn hier Gerechtigkeit? Wer ist denn da gerecht oder ungerecht? Die Natur? Oder Gott? Jedenfalls nicht Menschen, da die Verteilung, die aus dem Marktprozeß hervorgeht, nicht das beabsichtigte Ergebnis menschlichen Handelns ist. Daher ist der Begriff der sozialen Gerechtigkeit in einer marktwirtschaftlichen Ordnung [...] völlig sinnlos." Hayek erklärt damit den Marktprozess zu einem Naturgesetz, oder, theologisch formuliert, zu einem Götzen, dem der Mensch ohnmächtig ausgeliefert ist.

„Diese unglückselige Idee sogenannter sozialer Gerechtigkeit behauptet, dass die Entlohnung des einzelnen nicht davon abhängen soll, was er tatsächlich zum Sozialprodukt beiträgt, sondern davon, was er verdient.", argumentiert Hayek weiter. Auf die Frage des Interviewers, wie es zu einer gerechten Bewertung von Arbeit kommen könne, wenn es keinen Maßstab der Gerechtigkeit gibt, antwortete Hayek: „Weil wir im Marktgeschehen ständig Einkommen beziehen, die wir moralisch nicht verdienen, müssen wir auch moralisch unverdiente hinnehmen." Denn, so Hayek weiter: „Ungleichheit ist nicht bedauerlich, sondern höchst erfreulich. Sie ist einfach nötig."

Wer soziale Gerechtigkeit der Kategorie des Unsinns zuordnet und wer in der Spannung von arm und reich den Motor gesellschaftlichen und technischen Fortschritts sieht, der kann nicht für eine Politik der Armutsbekämpfung und -überwindung eintreten und damit auch nicht für einen Mindestlohn, der ein Element einer Politik ist, die auf Armutsbekämpfung und -überwindung ausgerichtet ist.

Damit ist der Kern des Konfliktes um den Mindestlohn offensichtlich: Es geht um eine verteilungspolitische und nicht um eine betriebswirtschaftliche Frage, also um die Frage gerechter Verteilung und Partizipation am gesellschaftlichen Reichtum, der auf der Basis einer gesellschaftlichen Arbeitsteilung erwirtschaftet worden ist. Der Neoliberalismus sieht in der Verteilungsgerechtigkeit ein für den Fortschritt tödliches Gift. Evangelische Sozialethik sieht in Verteilungsgerechtigkeit ein gesellschaftspolitisches Ziel, das anzustreben Voraussetzung für eine sozialgerechte, demokratische und auf den Menschenrechten basierende Gesellschaft und für die Wahrnehmung politischer Freiheitsrechte ist. Ohne Verteilungsgerechtigkeit bleibt Freiheit ein leeres Versprechen. Zeeb weicht in seinen beiden Texten zum Mindestlohn diesen Fragen aus.

Die Bundesrepublik ist eine der reichsten Gesellschaften der Erde. Sie verfügt über ausreichend Ressourcen, um allen hier lebenden Menschen ein auskömmliches Einkommen zur Verfügung stellen zu können.

Die Zahlung eines auskömmlichen Einkommens ist somit nicht nur eine sozialethisch und menschenrechtlich (siehe Naphtali) begründete Forderung, sondern auch eine praktisch erfüllbare Forderung. Diese Forderung hat allerdings ein anderes Menschen- und Gesellschaftsbild zur Grundlage als der Neoliberalismus. Während der Neoliberalismus sich als Ideologie der Ungleichheit präsentiert (vgl. dazu J. Klute: Neoliberalismus – eine Ideologie der Ungleichheit. In: Klute/Schneider: 313-333), geht die Forderung nach sozialer Gerechtigkeit von der Gleichheit – das heißt, der Gleichwertigkeit und Gleichberechtigung, nicht aber Gleichförmigkeit – aller

Menschen aus und strebt daher eine eher sozial egalitäre statt einer in Armut und Reichtum gespaltene Gesellschaft an.

Ein gesetzlicher Mindestlohn ist deshalb als ein Kernstück evangelischer Sozialethik zu begreifen. Er ist ein sinnvolles und praktikables Instrument zum Schutz vor Armut, er hat eine Lohn erhaltende Funktion, er ist eine sinnvolle Strategie zum Schutz vor und zur Überwindung von Verschuldung, und ebenso ein – wenn auch kleiner aber dennoch sinnvoller – Beitrag zur Überwindung von Arbeitslosigkeit sowie zur Stabilisierung der Binnenkaufkraft. Auch die Kirchen als Institution profitieren schließlich von Mindestlöhnen. Denn die Löhne und Einkommen sind die Grundlage der Kirchenfinanzierung. Ein generelles Anheben des Lohnniveaus bedeutet auch ein Ansteigen der Kirchensteuereinnahmen, wie sich ja ganz praktisch in 2006 und 2007 in Form erheblicher unerwarteter Kirchensteuermehreinnahmen gezeigt hat. Da die beiden großen Kirchen mittlerweile zu den großen Arbeitgebern der Republik gehören, gebietet es auch die Verantwortung der Kirchen als Arbeitgeberinnen gegenüber ihren Beschäftigten, dass die Kirchen sich für die Einführung eines gesetzlichen Mindestlohnes einsetzen und somit einen wirksamen Beitrag dazu leisten, einer Fortsetzung des Wettbewerbs im Sozial- und Gesundheitssektor über Lohndumping entgegenzuwirken.

Ein Mindestlohn ist ein bescheidener Beitrag zur Transformation des technischen Fortschritts der letzten Jahrzehnte in sozialen Fortschritt!

Literatur

Deutsche Bischofskonferenz / Evangelische Kirche in Deutschland (DBK/EKD 1997): Für eine Zukunft in Solidarität und Gerechtigkeit. Wort des Rates der Evangelischen Kirche in Deutschland und der Deutschen Bischofskonferenz zur wirtschaftlichen und sozialen Lage in Deutschland. Bonn/Hannover 1997.

Klute, Jürgen / Schlender, Herbert / Sinagowitz, Sabine (Hg.) (Klute/Schlender/Sinagowitz): Gute Arbeit/Good Work. Münster 2004.

Klute, Jürgen / Schneider, Hans-Udo (Klute/Schneider): Auf dem Wege der Gerechtigkeit ist Leben. Sozialethische Anmerkungen (Skizzen) zur Sozialen Gerechtigkeit heute. Festschrift für Wolfgang Belitz zum 65. Geburtstag. Münster 2005.

Naphtali, Fritz (Naphtali): Wirtschaftsdemokratie, Frankfurt/Main 1966. 1. Auflage: 1928.

von Hayek, Friedrich August (Hayek 1981): Wohlfahrtsstaat - Ein Interview mit dem Nobelpreisträger Friedrich August von Hayek (1899 - 1992) aus dem Jahr 1981. Heft 3/1996 Kapitalismus überwinden. Erneut abgedruckt in: Wirtschaftswoche Nr. 5 vom 25. Januar 1996.

von Hayek, Friedrich August (Hayek 1991): Die Verfassung der Freiheit. 3. Aufl., Tübingen 1991.

Zeeb, Matthias (Zeeb I): „Mindestlohn: Ja oder Nein?" vom 12. April 2006 (http://www.ekd.de/swi/48654.html).

Zeeb, Matthias (Zeeb II): „Mindestlohn mit Bedacht einführen" vom 30.Mai 2006. veröffentlicht als PDF-Datei auf der Webseite des SI der EKD (http://www.ekd.de/swi/48654.html).

7,50 € oder 8 €

Wie hoch muss ein gesetzlicher Mindestlohn sein?

Seit Beginn der Mindestlohnkampagne zum 01. Mai 2006 stehen zwei Zahlen im Raum: 7,50 Euro, die von ver.di und NGG gefordert werden und 8,00 Euro, die die Linksfraktion im Bundestag fordert.

Letztlich folgen beide Zahlen dem gleichen Grundprinzip. Die gewerkschaftliche Zahl ist nur etwas älter als die der Linksfraktion.

Schutz vor Armut ist eines der Ziele, die mit der Einführung eines gesetzlichen Mindestlohnes erreicht werden sollen. Damit stellt sich die Frage nach der Bestimmung von Armut. Will man hier nicht willkürliche Festlegungen treffen, dann bedarf es dazu nachvollziehbarer Kriterien. Die Armutsforschung kennt den Begriff der absoluten und der relativen Armut. Der Begriff der absoluten Armut beschreibt einen Zustand, in dem für einen Menschen die Zufuhr der zum Überleben notwendigen Güter kaum oder nicht mehr sicher gestellt ist und er infolge dessen akut vom Tod bedroht ist. Diese Form der Armut findet sich derzeit nicht in den westlichen Industrieländern. In diesen Ländern – so auch in der BRD – handelt es sich folglich um Formen der relativen Armut. Diese Form der Armut bestimmt sich aus dem Verhältnis zum gesellschaftlichen Umfeld. Sie ist Folge einer starken materiellen Ungleichverteilung innerhalb einer Gesellschaft, die mittlerweile auch für die BRD signifikant ist.

In der Armutsforschung wird relative Armut wie folgt definiert. Zunächst wird das Durchschnittseinkommen innerhalb einer Gesellschaft ermittelt. Dies geschieht entweder nach der einfachen Durchschnittsberechnung (Summe aller Einkommen eines Kalenderjahres geteilt durch die Anzahl aller EinkommensempfängerInnen) oder durch die Ermittlung des Medians. Der Median ist die Mitte zwischen zwei Hälften. D.h. alle erzielten Einkommen innerhalb einer Gesellschaft werden in aufsteigender Reihe neben einander aufgereiht. Das Einkommen exakt in der Mitte dieser Reihe stellt bei Median das Durchschnittseinkommen dar. Bei dieser Berechnung schlagen besonders niedrige bzw. besonders hohe Einkommen an den beiden Rändern, die bei einer einfachen Durchschnittsberechnung verzerrend wirken, weniger stark durch.

Nach der Definition der EU und des letzten regierungsamtlichen Armuts- und Reichtumsberichts von 2005 (Lebenslagen in Deutschland. 2. Armuts- und Reichtumsberichts der Bundesregierung, 2005) beginnt Armut, wenn ein Einkommen nicht mehr als 60 % des Durchschnittseinkommens beträgt.

Damit ist ein Kriterium zur Bemessung eines gesetzlichen Mindestlohnes gegeben. Er muss also ein Einkommen sichern, das zumindest etwas oberhalb dieser 60-%-Grenze liegt. Ein zweites Kriterium ist die so genannte Pfändungsfreigrenze. Damit ist ein Betrag bezeichnet, der im Falle einer Lohnpfändung als unantastbares Mindesteinkommen nicht gepfändet werden darf. Die Pfändungsfreigrenzen ergeben sich aus § 850c der Zivilprozessordnung und der im Anhang der Vorschrift veröffentlichten Tabelle, die alle zwei Jahre der Einkommensentwicklung angepasst wird. Schließlich bietet auch noch der Vergleich mit den Mindestlöhnen vergleichbarer EU-Staaten ein Kriterium.

Aufgrund dieser Kriterien sind die oben genannten Beträge als Bruttostundenlohn unter Zugrundelegung eines Vollzeitarbeitsverhältnisses ermittelt worden. Sie liegen bzw. lagen bei ihrer Berechnung knapp über den genannten Bemessungsgrenzen.

Um Schutz vor Armut zu gewähren, bedarf es eines gesetzlichen und branchenunabhängigen Mindestlohnes, denn die Lebenshaltungskosten sind ja auch nicht nach Brachen unterschiedlich gestaffelt. Eine Volkswirtschaft wie die der BRD muss in der Lage sein, dass dieser Betrag jedem Arbeitnehmer und jeder Arbeitnehmerin als Erwerbseinkommen gezahlt werden kann. Unternehmen, die dazu nicht in der Lage sind, müssen sich fragen, ob sie eine Existenzberechtigung haben.

Um aber durch einen gesetzlichen Mindestlohn nicht die Tarife der Branchen nach unten zu drücken, deren unterste Tarife oberhalb des gesetzlichen Mindestlohnes liegen, soll in diesen Branchen der unterste Tarif durch Allgemeinverbindlichkeitserklärung (bzw. durch Anwendung des Arbeitnehmer-Entsendegesetzes vom 26. Februar 1996, das auf der Arbeitnehmerentsenderichtlinie der EU basiert) zum Mindestlohn der jeweiligen Branche erklärt werden. Das sieht der mit den Gewerkschaften abgestimmte Vorschlag der Linksfraktion im Bundestag vor.

Die Frage nach einem Mindestlohn berührt die grundsätzliche Frage nach einem gerechten Lohnes. Dazu sei auf den Beitrag von Wolfgang Huber „Gerechter Lohn – Kriterien der Lohnfindung" in Theologische Realenzyklopädie (TRE), Band 21, S. 452 f., Berlin 1991, verwiesen.

Matthias Zeeb

Mindestlohn: Ja oder Nein ?

1 Situationsskizze

(1) Niedriglöhne und Niedrigstlöhne: Für die statistische Analyse von Niedriglöhnen hat sich die Definition 'weniger als 2/3 des Medianentgelts'[1] weitgehend durchgesetzt. Sie lässt sich auf monatliche Brutto-Erwerbseinkommen ebenso anwenden wie auf Brutto-Stundenlöhne und hat im Vergleich zum arithmetischen Mittelwert den Vorteil, dass der Median weniger stark von den Veränderungen einiger weniger Extremwerte beeinflusst wird. Nach diesem Kriterium liegt der Anteil der Bezieher niedriger Stundenlöhne in Deutschland zwischen 20% und 25% aller abhängig Beschäftigten, also bei rund 7 Millionen Menschen (vgl. Tabelle 1). Die Untersuchung des Instituts Arbeit und Technik (IAT) betrachtet die Situation im Osten und Westen Deutschlands jeweils separat und bestimmt Niedriglohnanteile, die mit 22,5% und 20,5% durchaus in derselben Größenordnung liegen. Anders ist der Ansatz der Untersuchung des Deutschen Instituts für Wirtschaftsforschung (DIW), das eine gesamtdeutsche Niedriglohngrenze ermittelt.

Auffallend in Tabelle 1 sind die Unterschiede zwischen den Erwerbsformen: Unter den Vollzeitbeschäftigten finden sich nur zwischen 12% und 15%, deren Stundenlöhne in den Niedriglohnbereich fallen. Bei den Teilzeitbeschäftigten sind es (nach den Zahlen des IAT) bereits mehr als 20% und unter den geringfügig Beschäftigten scheint der niedrige Stundenlohn zum festen Bestandteil dieser Erwerbsform geworden zu sein. Mehr als 85% aller in Minijobs Beschäftigten arbeiten für Bruttolöhne unterhalb der Niedriglohngrenze. Sie stellen damit mehr als ein Viertel aller Niedriglohnbezieher (vgl. Grafik 1).

Für das Jahr 2004 hat das IAT die Verteilung der Stundenlöhne innerhalb der Niedriglohnbezieher noch einmal genauer analysiert. Dabei ergibt sich, dass ein großer Teil der Beschäftigten im Niedriglohnbereich sogar noch deutlich unterhalb der jeweiligen Niedriglohngrenze entlohnt wird. 9% der abhängig Beschäftigten, d.h. 2,6 Millionen Menschen, arbeiten für Stundenlöhne unterhalb von 50% des Medianentgelts, also für weniger als 7,38 € in Westdeutschland bzw. 5,37 € in Ostdeutschland.

Tabelle 1: Niedriglohn nach Bruttostundenlöhnen

	DIW[2]	IAT[3]
Datenquelle	Sozio-oekonomische Panel (SOEP)	Sozio-oekonomische Panel (SOEP)
Grundgesamtheit	Alle Erwerbstätigen von 16 bis 74 Jahren, 2003	Alle abhängig Beschäftigten von 16 bis 74 Jahren, 2004
Definition Niedriglohn	Bruttostundenlohn unterhalb 2/3 des Medians	Bruttostundenlohn unterhalb 2/3 des Medians

Niedriglohngrenze (€)							
D gesamt	9,07			–			
West	–			9,83			
Ost	–			7,15			

Niedriglohnanteil (%)	aB[4]	VZ	TZ u.a.	aB	VZ	TZ	gB
D gesamt	24,1	12,6	49,4	20,8	14,6	21,1	85,8
West	21,0	8,8	47,3	20,5	–	–	–
Ost	38,6	29,8	61,2	22,5	–	–	–

Grafik 1: Niedriglohnbezieher nach Arbeitszeitformen (2004, in %)

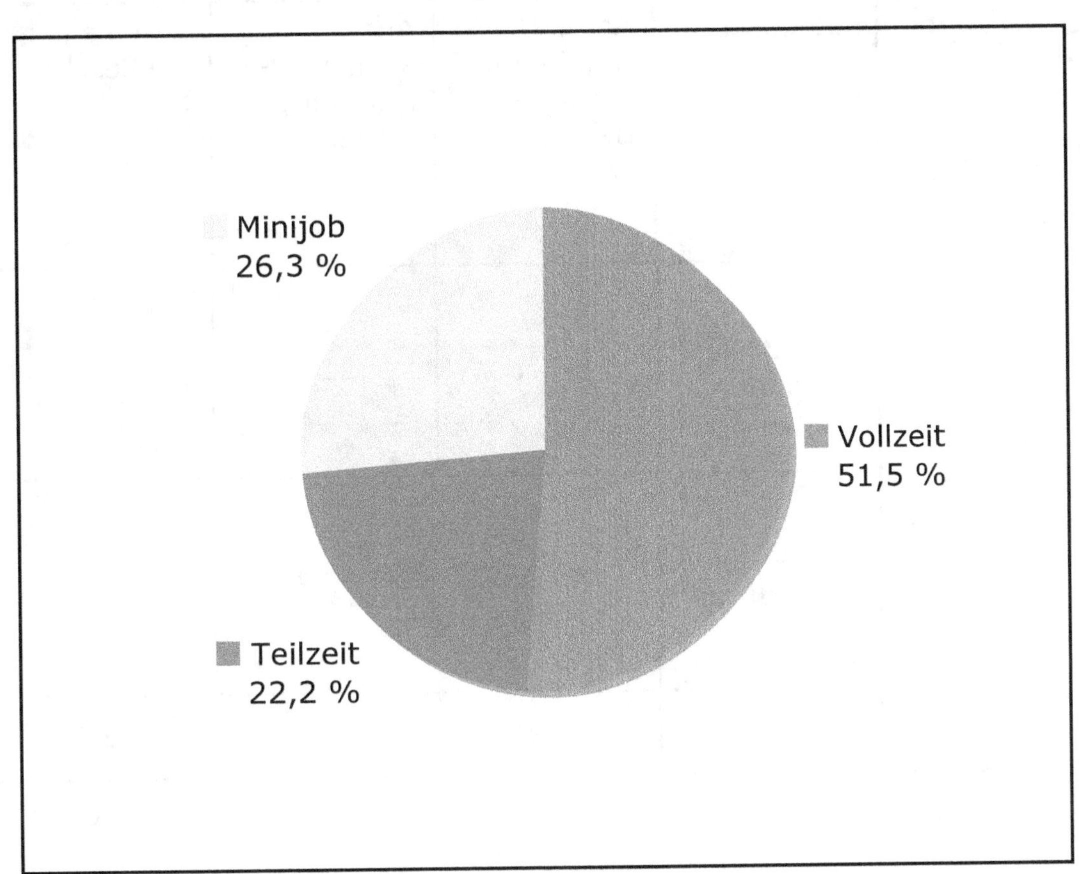

Quelle: IAT

(2) Merkmale der Niedriglohnbezieher/-innen: Die bereits zitierte Studie des IAT[5] beleuchtet auch die Qualifikationsstruktur der Niedriglohnbezieher/innen des Jahres 2004. Es zeigt sich eine nochmalige Verschärfung des seit Jahren bekannten Musters: Für Beschäftigte ohne Berufsausbildung ist das Risiko im Niedriglohnbereich arbeiten zu müssen inzwischen bei 42,1% angelangt und liegt damit annähernd doppelt so hoch wie für Beschäftigte mit einer abgeschlossenen Ausbildung und mehr als viermal so hoch wie für Beschäftigte mit Hochschulabschluss.

Tabelle 2: Niedriglohn und Qualifikation (Deutschland, 2004, %)

Qualifikation	Kategorie	Anteil Niedriglohn (in der Kategorie)	Anteil an allen Niedriglohnbeziehern	Anteil an allen Beschäftigten
	ohne Berufsausbildung	42,1	22,4	11,2
	mit Berufsausbildung	21,5	67,2	65,6
	FH / Uni	9,4	10,4	23,2

Quelle: IAT

Gleichzeitig stellen die Geringqualifizierten jedoch kaum mehr als ein Fünftel der Niedriglohnbezieher. Hier dominieren mit weitem Abstand Menschen mit beruflicher Ausbildung – entsprechend ihrem Anteil an den Beschäftigten. Niedriglohn ist also nicht in erster Linie ein Phänomen das sich mit fehlender Qualifikation verbindet. Am stärksten ist die Verbindung zum Merkmal Geschlecht: rund 70% aller Niedriglohnbezieher sind Niedriglohnbezieherinnen.

(3) Beschäftigungsprobleme Geringqualifizierter: Durch die technologische Entwicklung nimmt der Anteil von Arbeitsplätzen mit geringen Qualifikationsanforderungen in der Gesamtnachfrage nach Arbeit eher ab. Arbeitsplätze mit geringen Qualifikationsanforderungen sind insbesondere im verarbeitenden Gewerbe in besonders starkem Maße dem internationalen Kostenwettbewerb unterworfen und werden deshalb in Deutschland tendenziell eher abgebaut. Tarifabschlüsse, die in

der Vergangenheit untere Lohngruppen überproportional angehoben haben, führten zu einer Kluft zwischen Arbeitsproduktivität und Entlohnung und damit häufig zum Abbau der entsprechenden Arbeitsplätze. Entsprechend hat die Beschäftigung Geringqualifizierter von 1980 bis 2002 um ca. 40% abgenommen. Gleichzeitig verlagerten sich ihre Beschäftigungsmöglichkeiten vom produzierenden Gewerbe hin zu den verschiedenen Dienstleistungsbranchen.[6] Empirische Befunde belegen außerdem, dass der Verlust von Beschäftigungsmöglichkeiten für Geringqualifizierte auch ganz erheblich durch Verdrängungsprozesse bestimmt wird.[7] Wegen fehlender Arbeitsplätze auf der mittleren Qualifikationsebene weichen Arbeitssuchende mit den entsprechenden Bildungsabschlüssen auf Stellen aus, die auch für Geringqualifizierte geeignet wären. Die Auswirkungen dieser Entwicklungen zeigen sich in der Entwicklung der Arbeitslosigkeit: Im Zeitraum von 1980 bis 2002 wuchs die Arbeitslosenquote bei Geringqualifizierten von ca. 6% auf annähernd 22% stark an.[8]

(4) Zone der Prekarität: Niedrig entlohnte Beschäftigungsverhältnisse sind häufig auch in anderer Hinsicht prekär. Dies reicht von eingeschränktem Sozialversicherungsschutz (bei den verschiedenen Formen geringfügiger Beschäftigung), über fehlende Beschäftigungskontinuität (aufgrund befristeter Arbeitsverträge) und Mängel bei der Arbeitssicherheit bis hin zu überlangen Arbeitszeiten (etwa im Wachgewerbe).

(5) Niedriglöhne und Armut: Das Armutsrisiko der Niedriglohnempfänger lag im Jahr 2003 mit 20,4% deutlich über dem Durchschnitt der Erwerbstätigen. Seit 1993 ist es außerdem von 12,9% stark angestiegen. Für die nicht Niedriglohn beziehenden Erwerbstätigen liegt das Armutsrisiko mit nur 2,9% sehr viel niedriger.[9] Wie ist zu erklären, dass vier von fünf Niedriglohnempfängern nicht als einkommensarm einzustufen sind? Für mehr als die Hälfte der Bevölkerung in Haushalten mit mindestens einem Niedriglohnbezieher gilt, dass auch mindestens eine weitere im Haushalt lebende Person erwerbstätig ist und ein Einkommen über der Niedriglohnschwelle erzielt. In diesen Haushalten mit Niedriglohn als Zweiteinkommen liegt das Armutsrisiko weit unter dem Durchschnitt (2003: 0,8%). In Niedriglohnhaushalten ohne Erwerbstätige mit Einkommen über der Niedriglohnschwelle liegt das Armutsrisiko dagegen bei 35%.[10] Eine Gleichsetzung "Niedriglohnempfänger = arm" wäre also vorschnell. Offensichtlich gelingt einem großen Teil der betroffenen Haushalte die Absicherung des Haushaltseinkommens durch eine Kombination von Niedrigeinkommen und Normaleinkommen bzw. wird bei der Wahl der Niedriglohnbeschäftigung von vornherein die Höhe des Entgelts gegenüber anderen Faktoren (z.B. Flexibilität, Teilzeit) anders gewichtet.[11]

2 Argumente der Befürworter[12]

(6) Korrektur ungleicher Marktmacht: Im untersten Lohnbereich sind Beschäftigte aus einer Vielzahl von Gründen (hohe Arbeitslosigkeit, Bildungsdefizite, geringer gewerkschaftlicher Organisationsgrad u.a.) bei Lohnverhandlungen strukturell benachteiligt. Entsprechend können Unternehmen Lohnsätze durchsetzen, die unter der Produktivität der Betroffenen liegen. Ein Mindestlohn könnte mithelfen, diese Benachteiligung abzubauen.

(7) Schranke gegen Lohndumping: Wenn Löhne zu weit absinken, sind die Beschäftigten genötigt ihre Arbeitszeit auszuweiten, um ein existenzsicherndes (oder ein gewünschtes) Einkommen zu erzielen. Ein Mindestlohn kann dazu beitragen, in einer solchen Situation armutsverursachende Lohnkonkurrenz unter den Arbeitsuchenden zu verhindern. Gleichzeitig schützt er auch Unternehmen vor ruinöser Konkurrenz durch Wettbewerber die mit Niedrigstlohnbeziehern produzieren.

(8) Höhere Produktivität (Effizienzlohntheorie): Lohnsteigerungen regen Unternehmen an, ihre Produktivität zu verbessern. Produktivitäts- und Umsatzzuwächse können zu mehr Beschäftigung führen.

(9) Verstärkte Nachfrage: Die schwache private Kaufkraft trägt zur schwachen Binnennachfrage in Deutschland bei. Höhere Lohneinkommen für Geringverdiener hätten positive Auswirkungen auf die Nachfrage und kämen damit auch Unternehmen und der Beschäftigung zugute.

3 Argumente der Gegner[13]

(10) Verlust von Arbeitsplätzen: Höhere Lohnsätze, die durch die Produktivität der Beschäftigten nicht gerechtfertigt sind, führen zum Abbau oder zur Verlagerung von Arbeitsplätzen in Länder mit niedrigerem Lohnniveau.

(11) Anstieg der Verbraucherpreise: Die Unternehmen werden ihre höheren Kosten durch Preiserhöhungen auf die Endverbraucher abwälzen. Entsprechende negative Auswirkungen auf die Konsumkonjunktur und damit die Beschäftigung wären zu erwarten.

4 Einordnung

(12) Beschäftigungswirkung: Zwischen Ökonomen findet seit einigen Jahren eine heftig geführte Debatte über die Beschäftigungswirkung von Mindestlöhnen statt. Studien für die USA und Großbritannien zeigen, dass dort die Erhöhung bzw. Einführung von Mindestlöhnen nicht bzw. nur in sehr speziellen Unternehmenssituati-

onen negative Beschäftigungswirkungen hatte. Dies zeigt, dass Mindestlöhne nicht generell zu Beschäftigungsverlusten führen und zumindest unter bestimmten Umständen mit einem hohen Beschäftigungsstand vereinbar sind. Für den Vergleich mit der heutigen Situation in Deutschland ist anzumerken, dass die festgelegten Mindestlöhne deutlich unter dem lagen, was derzeit von ver.di vorgeschlagen wird, in einem konjunkturellen Umfeld stattfanden, das erheblich günstiger war (und ist) als zur Zeit in Deutschland, und Arbeitsmärkte betrifft, die weniger stark reguliert sind als in Deutschland. Eine Übertragung dieser Erfahrungen scheint deshalb zum jetzigen Zeitpunkt nur sehr eingeschränkt möglich. Insbesondere in Ostdeutschland, wo ungefähr jeder fünfte Beschäftigte einen Stundenlohn unterhalb der vorgeschlagenen 7,50 € verdient, müsste mit Arbeitsplatzverlusten gerechnet werden. (Zum Vergleich: In Großbritannien waren bei der Einführung des Mindestlohnes 1999 nur 6% bis 7% der Beschäftigten betroffen.[14])

(13) Marktmacht: Auch in Deutschland ist für einige Dienstleistungssektoren, in denen regional Bruttolöhne unter 5 € pro Stunde bezahlt werden, zu vermuten, dass die Produktivität der Beschäftigten tatsächlich höher liegt, als es dieser Lohnsatz vermuten ließe. Diese Niedriglöhne sind durchsetzbar, weil entweder die Arbeitslosigkeit entsprechend hoch ist, weil im Rahmen einer geringfügigen Beschäftigung (Minijob) für den Beschäftigten keine weiteren Abzüge anfallen, oder weil Saisonarbeiter, Grenzgänger oder in anderen Formen arbeitende ausländische Arbeitskräfte dieses Lohnniveau akzeptieren. Für Großbritannien wurde gezeigt[15], dass die Einführung des Mindestlohnes nicht zum Abbau von Arbeitsplätzen sondern zu reduzierten Gewinnen bei denjenigen Unternehmen führte, die besonders von der Einführung des Mindestlohns betroffen waren. Das Ergebnis legt nahe, dass hier durch deutlich unterhalb der Arbeitsproduktivität liegende Lohnsätze 'Übergewinne' zu Lasten der Beschäftigten möglich gewesen waren, die dann durch den Mindestlohn umverteilt wurden. Hinsichtlich der unterstellten Wirkung auf die Verbraucherpreise lässt dieses Ergebnis außerdem erkennen, dass die betroffenen Unter- nehmen in wettbewerbsintensiven und/oder preisempfindlichen Märkten tätig waren und eine Überwälzung der Kosten des Mindestlohnes auf die Verbraucher deshalb nicht möglich war.

(14) Einführungsmodus: Die Einführung des Mindestlohns in Großbritannien gilt bisher als Erfolg. Ein Grund dafür ist die vorsichtige und politisch sehr gut abgestimmte Setzung der verschiedenen Mindestlohnsätze. Der 1999 erstmals festgelegte Satz von 3,60 £ galt als so moderat, dass er von Kritikern als wirkungslos eingeschätzt wurde. Bis 2002 folgten die jährlichen Erhöhungen lediglich der allgemeinen Lohnentwicklung; erst dann wurde der Mindestlohn schneller erhöht als der Durch-

schnittslohn anstieg. Mit der für Oktober 2006 vorgesehenen Erhöhung ergäbe sich ein Anstieg von 27,4% seit 2002, während die Löhne insgesamt in diesem Zeitraum um voraussichtlich 17% zugelegt haben werden. In ihrem neusten Bericht macht die zuständige Kommission allerdings deutlich, dass mit weiteren überdurchschnittlichen Erhöhungen vorerst nicht zu rechnen sei.[16]

(15) Kaufkraft: Ein Mindestlohn könnte die individuelle Kaufkraft der begünstigten Beschäftigten zweifellos positiv beeinflussen. Der Beitrag zur gesamtwirtschaftlichen Nachfrage dürfte jedoch vernachlässigbar sein. Die private Konsumnachfrage stellt nur einen Teil der Gesamtnachfrage dar, und darin wiederum der Konsum der Geringverdiener sicher nur einen Bruchteil im einstelligen Prozentbereich.

5 Sozialethische Überlegungen

(16) Gerechter Lohn?: Die Diskussion eines Mindestlohns wirft unmittelbar die Frage auf, welcher Lohn für welche Arbeit denn gerecht sei. Muss ein Arbeitseinkommen eine Familie ernähren können? Ist das die Verantwortlichkeit des Unternehmens oder ist dies ein Maß an sozialer Sicherung, das das Gemeinwesen für seine Glieder zu gewährleisten hat? Aus sozial- ethischer Perspektive sind Löhne, die deutlich unter dem liegen, was ein Beschäftigter zur Wertschöpfung beiträgt, sicherlich problematisch. Insbesondere, wenn die Ausnutzung von Notlagen oder die Diskriminierung von Frauen oder Minderheiten zu solcher Benachteiligung führt, kann ein Mindestlohn eine bedenkenswerte Maßnahme sein, der die Position der schwächsten Teilnehmer am Arbeitsmarkt weit mehr stärkt, als in der Einkommenserhöhung zum Ausdruck kommt. Schwieriger wird die Beurteilung dann, wenn durch die niedrige Entlohnung zusätzliche Beschäftigung möglich ist, die durch einen Mindestlohn gefährdet würde.

(17) Mindestlohn für wen? Unternehmen können zur Zahlung eines Mindestlohnes gezwungen werden, aber nicht, zu diesem Lohn auch Menschen einzustellen, wenn sie den erwarteten Beitrag zur Wertschöpfung des Unternehmens als geringer einschätzen. Wenn die Gefahr negativer Beschäftigungswirkungen durch die Einführung eines Mindestlohnes besteht, wie es bei dem vorgeschlagenen Lohnsatz für die Arbeitsmarktlage und Lohnstruktur in Ostdeutschland zu befürchten ist, dann kann die Bewertung nicht mehr nur die Beschäftigten berücksichtigen, sondern muss die, die erfolglos Arbeit suchen, mit in den Blick nehmen. Arbeit, auch niedrig entlohnte Arbeit, bedeutet in aller Regel mehr soziale und gesellschaftliche Integration als dies in der Arbeitslosigkeit für dieselbe Person möglich wäre. Diese Einschätzung legt

dann auch nahe, im Zweifel auf die Seite eines niedrigeren Mindestlohnes zu neigen oder ganz auf einen Mindestlohn zu verzichten.

(18) Mindestlohn gegen wen? Mindestlöhne zur Abwehr der Lohnkonkurrenz durch Arbeitskräfte aus den neuen EU-Mitgliedern wären eine sehr kurzsichtige Maßnahme. Eine offene europäische Sphäre, ein Raum des friedlichen Austausches und Zusammenlebens ist wünschenswert. Nationale Kriterien der ökonomischen Abgrenzung lassen sich aus christlicher Sicht nicht begründen, und auch ein selektiver Ansatz, der deutsche Exportüberschüsse nach Mittelosteuropa feiert, aber Dienstleistungsimporte ausbremsen will, entspricht nicht gutnachbarschaftlicher Fairness. Berechtigt ist allerdings die Anfrage, wie innerhalb Deutschlands die besonders betroffenen Beschäftigten und Regionen von den Nutznießern der wirtschaftlichen Öffnung entsprechend unterstützt werden müssen.

(19) Was ist denkbar? Ein moderater Mindestlohn deutlich unterhalb der vorgeschlagenen Sätze (möglicherweise mit einem Einstiegssatz für Jugendliche und bis auf weiteres auch nach Ost und West unterschieden) könnte Teil eines Paketes sein, das Arbeitsmarkt und soziale Sicherung mittelfristig modernisiert und neu reguliert. Das Arbeitslosengeld II etabliert ein System der aufstockenden sozialen Unterstützung für niedrige Einkommen. Es gibt verschiedene Vorschläge (insbesondere das Modell der aktivierenden Sozialhilfe), diese Regelung durch Lohnsteuerzuschüsse zu erweitern und durch kommunale Beschäftigungsgesellschaften mit der Pflicht zur Arbeitsaufnahme zu ergänzen. Hier könnte ein Mindestlohn als Absicherung nach ganz unten eingepasst werden, um Mitnahmeeffekte zumindest zu begrenzen. Bedenkenswert erscheint der in Großbritannien gewählte Weg einer Niedriglohnkommission *(Low Pay Commission)* mit Vertretern der Regierung und der Sozialpartner, die die erste Setzung und regelmäßige Neubewertung des Mindestlohns im Diskurs und wissenschaftlich unterstützt als Beratungsorgan der Regierung durchführt.

matthias.zeeb@si-ekd.de

12. April 2006

Anmerkungen

1 Der Median einer Einkommensverteilung ist definiert als diejenige Einkommenshöhe, die von der einen Hälfte der Einkommensbezieher erreicht oder überschritten wird, während das Einkommen der anderen Hälfte darunter bleibt. Als Indikator für eine mittlere Einkommenslage ist der Median repräsentativer als das arithmetische Mittel.

2 Göbel, Jan / Krause, Peter / Schupp, Jürgen: Mehr Armut durch steigende Arbeitslosigkeit, in: DIW Wochenbericht, 72. Jg., Nr. 10 (9. März 2005), S. 175-183; sowie eigene Berechnungen.

3 Kalina, Thorsten / Weinkopf, Claudia: Mindestens sechs Millionen Niedriglohnbeschäftigte in Deutschland. Welche Rolle spielen Teilzeitbeschäftigung und Mini- jobs?, in: IAT-Report 2006-03, Institut Arbeit und Technik Gelsenkirchen, März 2006, S. 4-7.

4 Abkürzungen: aB:= abhängig Beschäftigte, VZ:= Beschäftigte in Vollzeit, TZ u.a.:= abhängig Beschäftigte in betrieblicher Ausbildung, Teilzeit oder geringfügiger Beschäftigung, TZ:= Teilzeit, gB:= geringfügige Beschäftigung.

5 Kalina, Thorsten / Weinkopf, Claudia: ebda., S. 7.

6 Kalina, Thorsten / Weinkopf, Claudia: Beschäftigungsperspektiven von gering Qualifizierten, IAT-Report 2005-10, Institut Arbeit und Technik Gelsenkirchen, De- zember 2005, S. 4f.

7 Kalina, Thorsten / Weinkopf, Claudia, ebda., S. 6f.

8 Reinberg, Alexander / Hummel, Markus: Vertrauter Befund. Höhere Bildung schützt auch in der Krise vor Arbeitslosigkeit, in: IAB Kurzbericht, Nr. 9/2005 (13.6.2005), S. 2. Die Arbeitslosenquote für Personen mit abgeschlossener Lehre oder Fachschule liegt bei 7,3%, für Hoch- bzw. Fachhochschulabsolventen bei 3,5%.

9 Göbel, Jan et al., a.a.O. S. 181.

10 Göbel, Jan et al.: a.a.O., S. 181f.

11 Hier ist zu berücksichtigen, dass schon für Haushalte, die einem relativ niedrigen Grenzsteuersatz unterliegen, die Aufnahme einer geringfügigen Beschäftigung (Minijob) wegen der vergleichsweise niedrigen Pauschalabgaben auch dann noch attraktiv sein kann, wenn der Bruttostundenlohn unter der Niedriglohngrenze liegt.

12 Vgl. u.a. Mindestlohn. Der Praxistest zeigt den Nutzen, in: Böckler impuls, Nr. 7/2006, S. 5.

13 Vgl. u.a. Gesetzlicher Mindestlohn. Rohrkrepierer statt Wunderwaffe, in: Informationsdienst des Instituts der Deutschen Wirtschaft, Nr. 15/2005, 31. Jg., 14. April 2005, S. 8.

14 Dickens, Richard / Manning, Alan: Has the National Minimum Wage Reduced UK Wage Inequality?, Centre for Economic Performance Discussion Paper No. CEPDP0533, London, June 2002, p. 6.

15 Draca, Mirko / Machin, Stephen / Reenen, John van: Minimum Wages and Firm Profitability, IZA Discussion Paper No. 1913, January 2006.

16 Low Pay Commission Report 2006, London, p. vi.

Matthias Zeeb

Mindestlohn mit Bedacht einführen

Sieben Millionen Beschäftigte im Niedriglohnbereich, fünf Millionen Arbeitslose – die Probleme des deutschen Arbeitsmarktes sind nicht zu übersehen. In der Öffentlichkeit, wie auch in den bekanntgewordenen Überlegungen aus den Reihen der Regierungsparteien, werden derzeit Mindest- und Kombilöhne als mögliche Maßnahmen diskutiert, um die Situation zu verbessern. Nicht auszuschließen ist, dass die Kombination des einen mit dem anderen letztlich umgesetzt werden wird. Abhängig von den Details der Ausgestaltung ergäben sich daraus erhebliche zusätzliche Risiken sowohl für den Arbeitsmarkt als auch für die Finanzen der öffentlichen Hand, ohne die Lage der Mehrheit der Betroffenen nachhaltig zu verbessern.

Was wäre stattdessen denkbar? Ein Mindestlohn durchaus - jedoch deutlich unterhalb der vorgeschlagenen Sätze, möglicherweise mit einem niedrigeren Einstiegssatz für Jugendliche und bis auf weiteres wohl auch nach Ost und West unterschieden. Ein solcher Mindestlohn wäre gleichzeitig nur sinnvoll als Teil eines Paketes, das Arbeitsmarkt und soziale Sicherung in Deutschland mittelfristig modernisiert und neu reguliert.

Niedriglöhne in Deutschland

Nach der statistischen Definition liegt die Niedriglohngrenze in Westdeutschland bei knapp unter zehn Euro brutto pro Stunde, im Osten bei knapp über sieben Euro. Die bestehenden Niedriglohnbereiche, in denen gut 20 Prozent aller Beschäftigten zu finden sind, werden von zwei starken Triebkräften bestimmt: Da ist einerseits der Entgeltbereich der am regulären Arbeitsmarkt Marginalisierten. Hier sind insbesondere Geringqualifizierte, Frauen mit eingeschränkter zeitlicher Verfügbarkeit und Menschen ohne deutschen Pass überproportional betroffen. In einer Situation, in der in fast allen Segmenten des Arbeitsmarktes Arbeitsplätze fehlen, sind sie die Opfer des kontinuierlichen Verdrängungsprozesses durch Höherqualifizierte und uneingeschränkt einsetzbare Arbeitsuchende.

Ein erheblicher Teil der Zuwächse im Bereich niedriger Entlohnung speist sich jedoch aus der Quelle der geringfügigen Beschäftigung. Hier finden sich insbesondere Menschen, die bereits anderweitig im Sozialversicherungssystem abgesichert sind: Schüler, Studierende, Rentner, zuverdienende Ehefrauen aber immer öfter auch sozialversicherungspflichtig Beschäftigte, die einen Nebenverdienst suchen. Unternehmen nutzen die Möglichkeit der geringfügigen Beschäftigung geradezu begierig. Die dort vorzufindende große Häufigkeit von Niedriglohnsätzen zeigt zusätzlich, wie groß seitens der Arbeitsuchenden das Interesse an diesen Stellen sein muss, wenn eine derart starke Abwärtsbeweglichkeit der Löhne durchsetzbar ist.

Zwei Merkmale der bestehenden Niedriglohnbeschäftigung fallen auf: Zum einen ist sie nicht nur hinsichtlich der Entlohnung prekär, sondern häufig mit nur eingeschränktem Sozialversicherungsschutz ausgestattet, mit fehlender Beschäftigungskontinuität aufgrund befristeter Arbeitsverträge verbunden und durch Mängel bei der Arbeitssicherheit und -gesundheit bis hin zu überlangen Arbeitszeiten gekennzeichnet. Zum anderen werden hier die besonderen Schwierigkeiten und Benachteiligungen von Frauen auf dem Arbeitsmarkt deutlich: 70% der Niedriglohnbezieher sind Niedriglohnbezieherinnen.

Gerechter Lohn oder Übergewinn?

Die Diskussion eines Mindestlohns wirft unmittelbar die Frage auf, welcher Lohn für welche Arbeit denn gerecht sei. Muss ein Arbeitseinkommen eine Familie ernähren können? Ist das die Verantwortlichkeit des Unternehmens oder ist dies ein Aspekt der sozialen Sicherung, den das Gemeinwesen für seine Glieder zu gewährleisten hat? Aus sozialethischer Perspektive sind Löhne, die deutlich unter dem liegen, was ein Beschäftigter zur Wertschöpfung beiträgt, sicherlich problematisch. Dies gilt insbesondere, wenn die Ausnutzung von Notlagen oder die Diskriminierung von Frauen oder Minderheiten zu solcher Benachteiligung führt.

Auch in Deutschland ist für einige Dienstleistungssektoren, in denen regional Bruttolöhne unter fünf Euro pro Stunde bezahlt werden, zu vermuten, dass die Produktivität der Beschäftigten tatsächlich höher liegt, als es diesem Lohnsatz entspräche. Niedriglöhne dieser Art sind durchsetzbar, weil entweder die Arbeitslosigkeit hoch ist, weil im Rahmen einer geringfügigen Beschäftigung für den Beschäftigten keine weiteren Abzüge anfallen, oder weil Saisonarbeiter, Grenzgänger oder in anderen Formen arbeitende ausländische Arbeitskräfte dieses Lohnniveau akzeptieren. Das Beispiel Großbritannien zeigt, dass die Einführung des Mindestlohnes in solchen Niedriglohnsegmenten nicht zum Abbau von Arbeitsplätzen sondern zu reduzierten Gewinnen bei den Unternehmen führte. Dies legt nahe, dass durch deutlich unterhalb der Arbeitsproduktivität liegende Lohnsätze 'Übergewinne' zu Lasten der Beschäftigten möglich gewesen waren, die dann durch den Mindestlohn umverteilt wurden. Hinsichtlich der von Gegnern eines Mindestlohnes häufig unterstellten Wirkung auf die Verbraucherpreise lässt dieses Ergebnis außerdem erkennen, dass die betroffenen Unternehmen in wettbewerbsintensiven und/oder preisempfindlichen Märkten tätig waren und eine Überwälzung der Kosten des Mindestlohnes auf die Verbraucher deshalb nicht möglich war.

Im Blick auf das Verhältnis zwischen Beschäftigten und Unternehmen ist ein Mindestlohn also durchaus eine bedenkenswerte Maßnahme, die die Position der schwächsten Teilnehmer am Arbeitsmarkt weit mehr stärken kann, als in der bloßen Einkommenserhöhung zum Ausdruck kommt. Schwieriger wird die Beurteilung dann, wenn durch die niedrige Entlohnung zusätzliche Beschäftigung möglich ist, die durch einen Mindestlohn gefährdet würde.

Beschäftigungswirkung

Zwischen Ökonomen findet seit einigen Jahren eine heftig geführte Debatte über die Beschäftigungswirkung von Mindestlöhnen statt. Studien für die USA und Großbritannien kamen zu dem Ergebnis, dass dort in den 90er-Jahren die Erhöhung bzw. Einführung von Mindestlöhnen nicht bzw. nur in sehr speziellen Unternehmenssituationen negative Beschäftigungswirkungen hatte. Dies zeigt, dass Mindestlöhne nicht generell zu Beschäftigungsverlusten führen und zumindest unter bestimmten Umständen mit einem hohen Beschäftigungsstand vereinbar sind. Für den Vergleich mit der heutigen Situation in Deutschland ist jedoch anzumerken, dass die dort festgelegten Mindestlöhne deutlich unter dem lagen, was derzeit etwa in der gewerkschaftlichen Mindestlohnkampagne vorgeschlagen wird, in einem konjunkturellen Umfeld stattfanden, das erheblich günstiger war (und ist) als zur Zeit in Deutschland, und Arbeitsmärkte betrifft, die weniger stark reguliert sind als in Deutschland. Eine Übertragung dieser Erfahrungen scheint deshalb zum jetzigen Zeitpunkt nur sehr eingeschränkt möglich. Insbesondere in Ostdeutschland, wo ungefähr jeder fünfte Beschäftigte einen Stundenlohn unterhalb der vorgeschlagenen 7,50 Euro verdient, müsste mit Arbeitsplatzverlusten gerechnet werden. (Zum Vergleich: In Großbritannien waren bei der Einführung des Mindestlohnes 1999 nur 6% bis 7% der Beschäftigten betroffen.)

Unternehmen können zur Zahlung eines Mindestlohnes gezwungen werden, aber nicht, zu diesem Lohn auch Menschen einzustellen, wenn sie den erwarteten Beitrag zur Wertschöpfung des Unternehmens als geringer einschätzen. Wenn die Gefahr negativer Beschäftigungswirkungen durch die Einführung eines Mindestlohnes besteht, wie es bei dem vorgeschlagenen Lohnsatz für die Arbeitsmarktlage und Lohnstruktur in Ostdeutschland zu befürchten ist, dann kann die Bewertung nicht mehr nur die

Beschäftigten berücksichtigen, sondern muss die, die erfolglos Arbeit suchen, mit in den Blick nehmen. Arbeit, auch niedrig entlohnte Arbeit, bedeutet in aller Regel mehr soziale und gesellschaftliche Integration und höhere Lebenszufriedenheit als in der Arbeitslosigkeit für dieselbe Person möglich wäre. Diese Einschätzung legt dann auch nahe, im Zweifel auf die Seite eines niedrigeren Mindestlohnes zu neigen oder ganz auf einen Mindestlohn zu verzichten.

Mindestlohn im Paket

Ein nach West und Ost differenzierter moderater Mindestlohn mit einer Einstiegsstufe für Jugendliche könnte Teil eines Paketes sein, das seinen Schwerpunkt eindeutig bei der Bekämpfung der Arbeitslosigkeit haben sollte. Dazu gehörten vordringlich Maßnahmen zur Entlastung der Lohneinkommen bei den Sozialversicherungsbeiträgen insbesondere durch eine konsequente Steuerfinanzierung der versicherungsfremden Leistungen in der Renten- und Krankenversicherung und durch die Beendigung der sozialpolitisch wenig zielgerichteten Subventionierung geringfügiger Beschäftigungsverhältnisse. Bei der Arbeitsmarktpolitik ist eine bessere Ausgestaltung der Leistungen nach dem SGB II zu erreichen. Hier liegt das Problem weniger in der Höhe der Leistungen. Forderungen nach einer generellen Absenkung gehen an der Lebenswirklichkeit der meisten Betroffenen vorbei. Vielmehr sollte durch die Gestaltung eines Anreizkontinuums der Übergang aus der Arbeitslosigkeit in die Erwerbstätigkeit attraktiver gemacht werden. Das Arbeitslosengeld II etabliert bereits ein System der aufstockenden sozialen Unterstützung für niedrige Einkommen. Es gibt verschiedene Vorschläge (beispielsweise das Modell der *aktivierenden Sozialhilfe*), diese Regelung durch Lohnsteuerzuschüsse zu erweitern und durch kommunale Beschäftigungsgesellschaften mit der Pflicht zur Arbeitsaufnahme zu ergänzen. Hier könnte ein Mindestlohn als Absicherung nach ganz unten eingepasst werden, um Mitnahmeeffekte seitens der Unternehmen zu begrenzen.

matthias.zeeb@si-ekd.de

30. Mai 2006

Dieser Text wurde erstmals in epd-sozial, Nr. 22/2006 veröffentlicht. Der Abdruck erfolgt mit freundlicher Genehmigung.

Auszug aus:

Leiharbeit im diakonischen Dienst
Beschluss des KGH.EKD vom 09. Oktober 2006

„Hinzukommt, dass anders als im dargestellten staatlichen Rechtskreis der Dienstgemeinschaft auch eine angemessene Vergütung für alle diejenigen immanent ist, die für sich und ihre Familien von der Arbeit in der Dienstgemeinschaft ihren Lebensunterhalt bestreiten (müssen)."

Diese Position wird heftig vor allem – aber nicht nur – vom VdDD, dem diakonischen Arbeitgeberverband, bekämpft.

Vergl. dazu: Norbert Manterfeld, Perspektiven der Zeitarbeit nach dem Beschluss des KGH.EKD. In: Kirche und Arbeitsrecht, Nr. 2 | 2007, S. 30 ff.

Hans-Tjabert Conring, Leiharbeit in der Diakonie: Beschluss des KGH.EKD zur Zeitarbeitverwechselt Dienstgemeinschaft und Dienststellengemeinschaft. In: curaconcontact 2 | 2007, S. 4 f. CuraconContact ist ein PDF-Magazin von curacon (www.curacon.de)

Zwei weitere Texte, die in ihren Grundaussagen die Positionierung des KGH.EKD stützen:

Zur Verantwortung der Kirche für die Arbeitswelt heute. Kundgebung der 6. Synode der EKd auf ihrer 5. Tagung 12. November 1982. Hier insbesondere die Abschnitte „2. Die Mitverantwortung der Kirche" und „4. Vorschläge".

Solidargemeinschaft von Arbeitenden und Arbeitslosen. Eine Studie der Kammer der EKd für soziale Ordnung. 1982. Hier insbesondere der Abschnitt „2.2 Die biblisch-anthropologische Dimension von Arbeit und Arbeitslosigkeit".

Die beiden vorgenannten Textabschnitte finden sich u.a. in: J. Klute, H. Schlender, S. Sinagowitz: Gute Arbeit / Good Work. Münster 2004.

KDA Bayern

Ein Mindestlohn ist notwendig
Stellungnahme des KDA Bayern, Nürnberg, 02. 11. 2006

„Ein Niedriglohnsektor darf kein Bereich werden, in dem Arbeitnehmerinnen und Arbeitnehmer durch eine sich stets nach unten bewegende Lohnspirale ausgebeutet werden. In einem reichen Land wie Deutschland sollte es das Ziel sein, den Niedriglohnsektor so klein wie möglich zu halten.“

(Aus: Gerechte Teilhabe, Denkschrift der Evangelischen Kirche in Deutschland, 2006)

Erwerbsarbeit ist wichtig, für Frauen wie für Männer. Sie bedeutet Teilhabe am Schöpfungsauftrag. Sie ist der zentrale Zugang zu eigener Lebensvorsorge und Teilhabe am gesellschaftlichen Leben. Sie schafft Identität, Anerkennung, soziale Integration und monetäre Existenzsicherung. In ihrer neuen Denkschrift „Gerechte Teilhabe“ fordert die EKD „dass es für eine Person möglich sein muss, die Erfahrung zu machen, für sich selbst und die eigene Familie sorgen zu können.“

Dies ist heute jedoch längst nicht mehr für alle Menschen der Fall. Der KDA Bayern begrüßt daher die aktuelle Debatte um den Niedriglohnsektor und die Einführung eines gesetzlichen Mindestlohnes. Mit ihr rückt ins öffentliche Bewusstsein, dass wir in einer Gesellschaft leben, in der nicht nur Arbeitslosigkeit, sondern zunehmend auch Niedrig- und Armutslöhne zu einem wachsenden Armutsrisiko für die Betroffenen führen.

Es lohnt sich, den Blick auf die Menschen und ihre Familien zu richten, die sich im sozialen Niemandsland der Niedriglöhner befinden. Auf diejenigen, bei denen das Geld hinten und vorne nicht reicht.

Immer mehr Menschen bleiben trotz Vollzeit-Beschäftigung dauerhaft in Armut. Für sie wird der Niedriglohnsektor zur „Niedriglohnfalle“ statt zum „Sprungbrett“. 6,7 Mio. Menschen (22% aller Beschäftigten) arbeiten in unserem Land zu Niedriglöhnen, vor allem im Handel, Dienstleistungsbereich, Hotel- und Gaststättengewerbe, in der Landwirtschaft sowie bei den haushaltsbezogenen Dienstleistungen und im Reinigungsgewerbe. Überdurchschnittlich betroffen sind ostdeutsche Arbeitnehmende, Personen mit nicht-deutscher Staatsbürgerschaft, Beschäftigte in Kleinbetrieben und Frauen. Letztere stellen fast zwei Drittel derjenigen, die trotz einer Vollzeittätigkeit arm bleiben.

Über eine Million Erwerbstätige beziehen neben dem Arbeitseinkommen Hilfen nach Hartz IV, um das Lebensminimum zu sichern. Das amerikanische Phänomen der „Working poor" ist also längst auch eine deutsche Realität. Und ihre Zahl wächst.

Der Wettbewerbsdruck in einer zunehmend globalisierten Wirtschaft, die Deregulierungen am Arbeitsmarkt sowie die tief greifenden Sozialreformen der letzten Jahre haben ihre Dynamik entfacht. Darüber hinaus sind Tarifflucht, Tarifvertragsbrüche und das Unterlaufen von gesetzlichen Mindestregelungen (betreffend Arbeitszeit, Urlaub, Krankheit) weit verbreitet – im wilden Westen wie im wilden Osten. Die Schutzmechanismen der sozialen Marktwirtschaft und des Tarifvertragssystems erscheinen vielerorts wie ausgehebelt.

Das Wohlstandspotenzial des Leistungswettbewerbs hat sich aber in Deutschland wie in anderen entwickelten Nationen erst im Rahmen der sozialen Marktwirtschaft voll entfalten können und braucht auch künftig diesen Rahmen. Ein gesetzlicher Mindestlohn ist ein wirksames Instrument, sozial schädlichem Wettbewerb eine Grenze zu setzen.

Ein gesetzlicher Mindestlohn

- verhindert, dass Menschen zu Hungerlöhnen arbeiten müssen,
- schützt die Unternehmer, weil ruinöse Unterbietungswettläufe ein Ende haben,
- stärkt die Binnennachfrage, weil die Menschen mehr Geld zur Verfügung haben,
- führt zu höheren Steuereinnahmen und
- stärkt die sozialen Sicherungssysteme.

In 18 von 25 Ländern der Europäischen Union gibt es gesetzliche Mindestlöhne. In keinem europäischen Land ist die Arbeitslosigkeit aufgrund des Mindestlohnes gestiegen. Es ist ein Ausdruck des Einsatzes für einen gerechten Ausgleich und für eine gerechte Teilhabe.

Die Wettbewerbsfähigkeit der deutschen Wirtschaft steigt seit Jahren. Doch viele Menschen bleiben auf der Strecke. Heute werden neben den Millionen Langzeitarbeitslosen auch das wachsende erwerbstätige „Prekariat" sowie die Abstiegsangst der Mittelschicht zur Herausforderung für den sozialen Zusammenhalt und den Frieden im Land.

Gängige Parolen sind daher zu hinterfragen. Sozial ist alles, was Arbeit schafft? Arbeit um jeden Preis? Wir sagen: Nicht im weiteren Ausbau, sondern in der Eingrenzung und Überwindung des Niedriglohnsektors liegt eine positive Vision für den Standort Deutschland. Die Einführung eines Mindestlohnes ist daher ein notwendiger und richtiger Schritt.

Nürnberg, 02.11.2006

Kirchlicher Dienst in der Arbeitswelt der Evang. - Luth. Kirche in Bayern, Gudrunstraße 33, 90459 Nürnberg, Postfach 45 01 31, 90212 Nürnberg, Tel. (0911) 43 100-227, Fax (0911) 43 100-230, kda@kda-bay.de, www.kda-bay.de.

Diakonisches Werk Hessen und Nassau | ver.di Landesbezirk Hessen

Die Zeit ist reif: Viele sind arm trotz Arbeit

Erklärung des Diakonischen Werks in Hessen und Nassau und des ver.di Landesbezirks Hessen, Frankfurt am Main, 09.03.2007

Das Diakonische Werk in Hessen und Nassau und der ver.di Landesbezirk Hessen setzen sich gemeinsam für einen Mindestlohn ein und geben dazu folgende Erklärung heraus:

1. Die Zeit ist reif: Viele sind arm trotz Arbeit

Immer häufiger reicht der Lohn nicht aus, um den Lebensunterhalt zu bestreiten. Allein im Jahr 2005 haben in Hessen 25.000 Haushalte wegen des geringen Einkommens zusätzlich Arbeitslosengeld bezogen, weil der Lohn zum Leben nicht reicht. Der Lohn, der durch Erwerbsarbeit erzielt wird, muss eine eigenständige Existenzsicherung und ein Leben in Würde und Unabhängigkeit ermöglichen. Viel zu viele sind arm trotz und durch Arbeit. Ein erheblicher Teil der Niedriglohnbeschäftigten ist im Dienstleistungsbereich tätig.

2. Ein Mindestlohn soll vor Armut trotz Arbeit schützen

Ein gesetzlicher Mindestlohn definiert die Untergrenze, die kein Lohn unterschreiten darf. Er ist das Mindest-Entgelt für geleistete Arbeit. Ziel eines Mindestentgelts ist es, dass eine Existenzsicherung durch Arbeit im Rahmen einer Vollzeitstelle möglich ist. Der Mindestlohn soll sichern, dass niemand trotz Arbeit arm ist. Doch die Wirklichkeit sieht anders aus: Bereits 36 Prozent der Vollzeitbeschäftigten arbeiten im Niedriglohnsektor, 24 Prozent von ihnen bekommen prekäre Löhne, und 12 Prozent erhalten gar so genannte Armutslöhne.

20 der 27 EU-Mitgliedsstaaten haben einen Mindestlohn und positive Erfahrungen mit ihm gemacht. Es wurden keine Arbeitsplätze vernichtet, die Tarifautonomie wurde nicht gestört. Die Bundesrepublik gehört zu den wenigen Ländern, die ohne einen gesetzlichen Mindestlohn auszukommen meinen.

Wie die Lohnentwicklung in vielen Branchen zeigt, sind Marktpreise nicht immer in der Lage, das Existenzminimum zu sichern. Es gibt keine objektiven Maßstäbe zur Bewertung der Arbeit. Die Arbeit einer Reinigungskraft ist in einem Betrieb zum Beispiel ebenso notwendig wie die Arbeit der Geschäftsleitung. Dabei ist die Frage der Bezahlung nicht eine Frage der ökonomischen Wertschöpfung, sondern der Wertschätzung. Ethisch gesehen kann daher das Problem der Wertschätzung von Arbeit nicht über den Markt erfolgen.

Der Mindestlohn ist Ausdruck sozialer Gerechtigkeit und des solidarischen Teilens und soll davor bewahren, dass Menschen trotz Arbeit arm sind. Der Mindestlohn gewährt einen strukturellen Schutz vor Armut trotz Arbeit.

Die Kirchen anerkennen in ihrem Sozialwort Für eine Zukunft in Solidarität und Gerechtigkeit (1997) den Wert der Arbeit. Deshalb fordern sie, dass „die Entlohnung in Verbindung mit den staatlichen Steuern, Abgaben und Transfers auch ein den kulturellen Standards gemäßes Leben ermöglichen" (Ziff. 151) muss.

3. Beschäftigungspotentiale personennaher Dienstleistungen

Gerade in Umbruchzeiten steigt der Bedarf an sozialen Diensten. Arbeit geht nicht aus, im Gegenteil, es liegt viel Arbeit brach – gerade im sozialen Bereich, im Dienst am Menschen, im Dienst für die Umwelt oder für ein intaktes Gemeinwesen. Dass diese Bereiche unterversorgt bleiben oder gar angesichts der Haushaltskürzungen noch weiter reduziert werden, ist nicht hinzunehmen. Wir brauchen den Aufbruch in eine soziale Dienstleistungsgesellschaft, welche die Arbeit für und am Menschen wertschätzt und fördert.

Die Zukunft der Arbeit gerade auch angesichts des demografischen Wandels ist die personennahe Dienstleistung: helfen, pflegen, beraten, bilden. Deshalb gilt: Diakonie arbeitet mit an der Zukunft der Arbeit. Wer nur kürzt, der bringt die Gesellschaft um eine gute Zukunft.

4. Soziale Arbeit hat nicht nur ihren Wert, auch ihren Preis

Um der Humanität unserer Gesellschaft willen müssen neue Beschäftigungspotentiale in den sozialen Diensten erschlossen werden können. Die Denkschrift der EKD Soziale Dienste als Chance (2002) spricht von einer hohen Wertschätzung sozialer Dienste „für ein gerechteres, solidarischeres und zukunftsfähigeres Gemeinwesen" (Ziff 37).

Wenn die sozialen Dienste diesen beschriebenen Stellenwert für die Gesellschaft haben sollen, dürfen sie nicht dem freien Spiel der Märkte überlassen werden. Sie müssen kulturell und gesellschaftlich aufgewertet und bedarfsorientiert refinanziert werden. Zugleich ist es nur konsequent, diese Arbeit durch eine sozial ausgewogene staatliche Einnahmepolitik sicherzustellen.

5. Diakonie und ver.di für einen Mindestlohn

Zu den Grundaussagen einer christlichen Arbeitsethik gehört: Armut trotz Arbeit verletzt die Menschenwürde. Deshalb unterstützt die Diakonie in Hessen und Nassau die Forderung nach existenzsichernden Löhnen und nimmt sich selbst auch dort in die Pflicht, wo sie als Arbeitgeberin tätig ist. Sie nimmt damit auf, was im Sozialwort der Kirchen formuliert ist: „Die Kirchen können nicht Maßstäbe des wirtschaftlichen Handelns formulieren und öffentlich vertreten, ohne sie auch an sich selbst und das eigene wirtschaftliche Handeln anzulegen. Mit Recht wird dies als eine Frage der Glaubwürdigkeit angesehen." (Ziff. 244) DWHN und ver.di sprechen sich für die Einführung eines gesetzliches Mindestlohns auf dem Niveau westeuropäischer Industrieländer aus. An diesem Niveau muss sich auch die Refinanzierung des sozialen Sektors orientieren.

Die Debatte um einen existenzsichernden Lohn muss begleitet werden von der Wertschätzung und dem weiteren Ausbau des öffentlich geförderten Arbeitsmarktes für Menschen mit besonderen und teilweise unüberwindbaren Schwierigkeiten. Denn die Kombination von Mindestlohn und öffentlich geförderter Beschäftigung verhindert, dass Menschen zu jedem Preis und um jeden Preis auf einen ersten Arbeitsmarkt gedrängt werden, obwohl dieser keine Arbeitsplätze für sie bereit hält.

Frankfurt am Main, 09.03.2007

Rückfragen richten Sie bitten an:

Hermann Schaus, Referent für Grundsatzangelegenheiten, Presse- und Öffentlichkeitsarbeit ver.di Landesbezirk Hessen, Wilhelm.-Leuschner-Str. 69-77, 60329 Frankfurt, Tel: 0 69 / 25 69 - 11 20, hermann.schaus@verdi.de

Kathleen Niepmann, Pressesprecherin Diakonisches Werk in Hessen und Nassau, Ederstraße 12, 60486 Frankfurt am Main, Tel: 0 69 / 79 47 375, pressesprecherin@ dwhn.de

Kirchenkreis Unna

„Arm trotz Arbeit?"
Gute Arbeit verdient gute Entlohnung

Erklärung des Sozialausschusses des Evangelischen Kirchenkreises Unna vom 26. 04. 2007

Der Sozialausschuss des Kirchenkreises Unna plädiert für die Einführung eines gesetzlichen Mindestlohnes

Zusammenfassung

Der Sozialausschuss des Evangelischen Kirchenkreises Unna hat sich in den vergangenen Monaten mehrfach mit dem brisanten Thema „working poor" beschäftigt. Was sich dahinter verbirgt: Es gibt Beschäftigungsverhältnisse, die so schlecht bezahlt werden, dass selbst eine 40-Stunden-Woche nicht ausreicht, um den Lebensunterhalt zu sichern. – Der tarifliche Stundenlohn im Friseurhandwerk z.B. beträgt in NRW 4,93 €, in Sachsen sogar nur 3,06 €.

Solche Niedriglöhne finden sich nicht nur im Dienstleistungssektor, sondern zunehmend auch in klassischen Industriebereichen. Einer wachsenden Zahl von Menschen, die, obwohl sie nicht arbeitslos sind, unter die Armutsgrenze fallen, steht wachsender Wohlstand auf der anderen Seite gegenüber. Die Kluft zwischen Arm und Reich wird immer größer.

Dies nahm der Sozialausschuss zum Anlass, zum 1.Mai 2007 eine Stellungnahme abzugeben, die für die Einführung eines gesetzlichen Mindestlohns plädiert und zur Diskussion darüber einlädt. Die Erklärung erinnert dabei an das vor 10 Jahren verfasste Sozialwort der Kirchen, in dem es heißt: „Vielmehr muss die Entlohnung in Verbindung mit den staatlichen Steuern, Abgaben und Transfers auch ein den kulturellen Standards gemäßes Leben ermöglichen."

Mit einem Bruttostundenlohn von etwa 8,-- € erzielt ein Arbeitnehmer bei einer Vollzeitstelle einen Nettolohn, der der Pfändungsfreigrenze entspricht (985,-€ monatlich). Ein gesetzlicher Mindestlohn von 7,50 €, wie er z.Zt. in der politischen Diskussion gefordert wird, stößt auf erhebliche Widerstände. Viele Stimmen meinen, dies verhindere die Schaffung neuer Arbeitsplätze. Dagegen argumentieren die

Befürworter, ein gesetzlich festgelegter Mindestlohn verhindere die weitere Absenkung von Löhnen und verhelfe den gefährdeten Branchen zu mehr Wettbewerbsfähigkeit.

Der Sozialausschuss plädiert für die Einführung eines gesetzlich festgelegten Mindestlohns, weil er darin ein geeignetes Instrument sieht, dem grenzenlosen „Wettbewerb nach unten", der zu immer niedrigeren Löhnen führt, Einhalt zu gebieten. Menschliche Arbeit ist schließlich kein beliebig handelbares Gut, sondern dient dazu, ein menschenwürdiges Leben führen zu können. Allerdings müssten Kirche und Diakonie selbst auch darauf achten, mit ihren Tarifvorstellungen nicht in den Billiglohnsektor abzugleiten.

Die Stellungnahme fordert die Verantwortlichen in Kirche, Wirtschaft und Politik auf sich mit diesem brisanten Themenfeld auseinander zu setzen und lädt zum Gespräch über Rolle und Aufgabe des Staates bei der Gestaltung einer zukunftsfähigen Gesellschaft ein. Sie ist unter auch www.evangelisch-in-unna.de in voller Länge abrufbar und wird allen Bundestagsabgeordneten zugestellt. Der Sozialausschuss plant im Herbst eine öffentliche Diskussionsveranstaltung zwischen Politikern aller Parteien, Gewerkschaftlern und Arbeitgebern.

„Arm trotz Arbeit?"
Gute Arbeit verdient gute Entlohnung

Erklärung des Sozialausschusses des Evangelischen Kirchenkreises Unna zum Thema: Einführung eines gesetzlichen Mindestlohnes vom 26. April 2007

In den vergangenen Monaten hat sich der Sozialausschuss des Evangelischen Kirchenkreises Unna eingehender mit Prozessen der Ausbreitung von Armut und der wachsenden sozialen Spaltung in unserer Gesellschaft befasst. In diesem Zusammenhang sind wir aufmerksam geworden auf die Zunahme von Beschäftigungsformen, die selbst bei voller Arbeitszeit nicht mehr mit einer die wirtschaftliche Existenz sichernden Entlohnung verbunden sind. So beträgt etwa der Tarifstundenlohn im Friseurhandwerk in NRW 4,93 €, in Sachsen sogar nur 3,06 €.

„Armut trotz Arbeit" („Working Poor") nimmt zu und betrifft inzwischen nicht mehr nur die Dienstleistungsbereiche. Auch in den klassischen Industriebereichen finden solche Prozesse statt. So wird etwa auf die in der Industriegewerkschaft Metall organisierten Beschäftigten und ihre Gewerkschaft unter Hinweis auf deutlich niedrigere Lohnkosten anderswo erheblicher Druck mit dem Ziel der Absenkung der Lohnhöhe ausgeübt. Die Entwicklungen in den Bereichen der Post- oder Telekommunikationsdienstleistungen lassen erkennen, dass dort ähnliche Prozesse stattfinden. Eine zunehmende Aufhebung der Tarifbindung fördert solche Entwicklung. Sie steht im Zusammenhang mit den im internationalen Vergleich gesunkenen bzw. unterdurchschnittlich gestiegenen Lohnstückkosten in vielen Bereichen der deutschen Wirtschaft.

Dieser Trend, dass immer mehr Menschen zu nicht mehr existenzsichernden Löhnen arbeiten, entspricht der Entwicklung der letzten Jahre: der Armut einer wachsenden Zahl von Menschen auf der einen Seite steht ein immer größerer Wohlstand auf der anderen Seite unserer Gesellschaft gegenüber, die Schere „Arm – reich" geht weiter auf in unserem Land.

Der Sozialausschuss sieht in dieser Entwicklung die Gefahr einer zunehmenden Polarisierung der Gesellschaft verbunden mit Prozessen der Ausgrenzung und Stigmatisierung. Dies führt unter den Verliererinnen und Verlierer eines solchen Prozesses zu Resignation und Rückzug aus dem gesellschaftlichen und politischen Leben, eine für die politische Kultur unseres Landes fatale Entwicklung, die wir heute bereits beobachten. Daneben ist auch eine zunehmenden Gewaltbereitschaft angesichts der subjektiv als ausweglos empfundenen Situation festzustellen. Angesichts dieser Entwicklung erinnert der Sozialausschuss an Grundsätze im Blick auf Entlohnung, die sich in der Rechtstradition unseres Landes finden. So formuliert die Verfassung des Landes Nordrhein-Westfalen als Anspruch (§ 24 der Verfassung des Landes Nordrhein-Westfalen vom 28.6.1950):

(1) Im Mittelpunkt des Wirtschaftslebens steht das Wohl des Menschen. Der Schutz seiner Arbeitskraft hat den Vorrang vor dem Schutz materiellen Besitzes. Jedermann hat ein Recht auf Arbeit.

(2) Der Lohn muß der Leistung entsprechen und den angemessenen Lebensbedarf des Arbeitenden und seiner Familie decken. Für gleiche Tätigkeit und gleiche Leistung besteht Anspruch auf gleichen Lohn. Das gilt auch für Frauen und Jugendliche.

In ähnlicher Weise äußert sich auch die Allgemeine Erklärung der Menschenrechte: (Resolution 217 A (III), Artikel 23) Jeder, der arbeitet, hat das Recht auf gerechte und befriedigende Entlohnung, die ihm und seiner Familie eine der menschlichen Würde entsprechende Existenz sichert, gegebenenfalls ergänzt durch andere soziale Schutzmaßnahmen.

Grundlage dieser und weiterer Rechtssatzungen (etwa auch der europäischen Sozialcharta von 1961) ist der Anspruch, dass Arbeit das Auskommen der sie leistenden Personen und ihrer Familien sicherstellen soll. Diesen Anspruch sehen wir durch die tatsächliche Lohnentwicklung im wachsendem Masse unterlaufen.

Wir erinnern hier an das Sozialwort der Kirchen aus dem Jahr 1997: „Vielmehr muß die Entlohnung in Verbindung mit den staatlichen Steuern, Abgaben und Transfers auch ein den kulturellen Standards gemäßes Leben ermöglichen."(aus 151)

Hinter dieser Formulierung steht im Sozialwort der Kirchen das Bemühen um einen ethischen Grundkonsens, den es jenseits von Einzelinteressen als Perspektive einer zukunftsfähigen Gesellschaft neu zu formulieren gelte. Dabei bringt die Kirche die ihr aus der biblischen Tradition aufgetragene „Option für die Armen" in den gesellschaftlichen Diskurs ein:

"In der Perspektive einer christlichen Ethik muß darum alles Handeln und Entscheiden in Gesellschaft, Politik und Wirtschaft an der Frage gemessen werden, inwiefern es die Armen betrifft, ihnen nützt und sie zu eigenverantwortlichem Handeln befähigt. Dabei zielt die biblische Option für die Armen darauf, Ausgrenzungen zu überwinden und alle am gesellschaftlichen Leben zu beteiligen." (aus 122).

In diesem Sinne fragen wir nach möglichen Instrumenten, die die Einlösung der oben formulierten Forderungen ermöglichen bzw. unterstützen. Ein solches Instrument ist, so zeigte die Diskussion innerhalb des Ausschusses, der gesetzliche Mindestlohn.

Was ist der gesetzliche Mindestlohn?

Ein gesetzlicher Mindestlohn definiert eine Untergrenze, die kein Lohn unterschreiten darf. Er benennt das Mindest-Entgelt für geleistete Arbeit. Das Ziel eines Mindest-Entgelts ist es, eine Existenzsicherung durch Arbeit (bezogen auf eine Vollzeitstelle) zu ermöglichen. Er beschreibt so, bezogen auf den Stundenlohn, branchenübergreifend die Untergrenze jeder Lohnvereinbarung und jedes Tarifvertrages. Damit stellt er bezogen auf das Lohnniveau die verbindliche untere Grenze dar, von dem jede weitergehende Vereinbarung, etwa in Form von Tarifverträgen ausgehen kann. Er sichert damit die Entlohnung menschlicher Arbeit vor einem grenzenlosen „Wettbewerb nach unten", der zu immer niedrigeren Löhnen führt.

Wir betrachten einen solchen gesetzlichen Mindestlohn als ein geeignetes Instrument, um die weitere Absenkung von Löhnen zu verhindern. Er bringt zum Ausdruck, dass menschliche Arbeit kein beliebig handelbares Gut ist, sondern als Instrument dazu dient, ein menschenwürdiges Leben führen zu können.

Diese Würde der Arbeit ist ein Wert, den zu schützen nach unserem Verständnis Auftrag des Staates ist. Wir weisen deshalb dem Staat die Aufgabe zu, die Einführung und Einhaltung eines solchen Mindestlohnes bundesweit sicherzustellen. Darüber hinaus kann der Staat bestehende tarifvertragliche Regelungen, die mit einer Tarifstufe oberhalb des Mindestlohens beginnen, für allgemeinverbindlich erklären.

In welcher Höhe ist der Mindestlohn anzusetzen?

Eine allgemein anerkannte Definition von Armut in unserer Gesellschaft erscheint schwierig. Als eine erste „ad hoc" geeignete Untergrenze ist aus unserer Sicht die so genannte „Pfändungsfreigrenze" zu betrachten; sie definiert für Überschuldete das Einkommen, das ihnen nach Abzug aller Rückzahlungsleistungen ungeschmälert zur Sicherung des Lebensunterhaltes verbleibt. Sie liegt in den westlichen Bundesländern augenblicklich bei einem Nettogehalt von rund 985 €. Dies entspricht einem Bruttostundenlohn von etwa 8 €.

Dieser Mindestlohn ist der Entwicklung der Lebenshaltungskosten und des allgemeinen Lohnniveaus entsprechend anzupassen. Hierfür erscheint uns nach englischem Vorbild eine gemischt besetzte Kommission auf Bundesebene das geeignetes Instrument zu sein.

Ist ein solcher Mindestlohn kompatibel mit den EU Rahmenbedingungen?

In der öffentlichen Diskussion wird immer wieder angeführt, dass ein solcher gesetzlicher Mindestlohn die Wettbewerbsposition der deutschen Wirtschaft schwächt. Hierzu stellen wir fest, dass in der überwiegenden Zahl unserer europäischen Nachbarländer Mindestlöhne eingeführt sind. Deutschland würde mit der Einführung eine entsprechende Entwicklung nachvollziehen. Durch die Einführung des Tariftreuegesetzes sowie einer entsprechenden Arbeitnehmerentsendungsrichtlinie für Arbeitnehmerinnen und Arbeitnehmer aus EU Mitgliedsländern lassen sich Möglichkeiten, eine solche gesetzliche Regelung zu unterlaufen, begrenzen.

Forderungen und offene Fragen

Im Blick auf die oben beschriebenen Entwicklungen stellt aus unserer Sicht die Einführung eines gesetzlichen Mindestlohnes einen ersten wichtigen Schritt dar, um unsere Gesellschaft zukunftsfähiger zu machen und vor fatalen Entwicklungen zu schützen. Dieser Schritt braucht eine breite politische Unterstützung, auch im Blick auf die Rolle des Staates im Verhältnis zu den im Raum der Wirtschaft Handelnden.

- Wir fordern deshalb kirchliche Gruppen und im Raum der Kirchen Verantwortliche auf, sich mit der skizzierten Entwicklung auseinander zu setzen und dazu Stellung zu beziehen. Dabei sollte die Zusammenarbeit mit anderen Akteuren gesucht und entwickelt werden.

- Wir laden die im Raum des Staates und der Wirtschaft Verantwortlichen ein, mit uns das Gespräch über Rolle und Aufgabe des Staates bei der Gestaltung einer zukunftsfähigen Gesellschaft und seiner Instrumente zu führen.

Wir sehen weitergehenden Klärungsbedarf bei einer Reihe von Fragen, die hier berührt, aber nicht eingehender zu behandeln sind:

- Wie sieht eine belastbare Definition von Armut in unserer Gesellschaft aus?

- Wie kann eine Grundsicherung in unserem Land und weltweit aussehen?

- Welche Rolle, welchen Handlungsspielraum und welche Grenzen haben Nationalstaaten bzw. ihrer Zusammenschlüsse angesichts der globalen Herausforderungen?

- Wie lässt sich heute die Würde menschlicher Arbeit neu definieren und vertreten?

Diese Erklärung hat der Sozialausschuss des Evangelischen Kirchenkreises Unna in seiner Sitzung am 26. April 2007 einvernehmlich verabschiedet.

Bei Fragen wenden Sie sich bitte an:

Pfarrer Hans Höroldt (Ausschussvorsitzender), Kirchenkreis Unna, Tel. 0 23 03 / 25 54 36 oder 01 63 / 2 75 83 26, (mobil), EMail: hhoeroldt@t-online.de

KAB und ver.di

Mindestlohn statt Armutslohn!

Katholische Arbeitnehmerbewegung NRW (KAB) und ver.di NRW fordern gemeinsam die Einführung eines gesetzlichen Mindestlohnes | Mai 2007

„Arm trotz Arbeit", dieser Satz trifft auf immer mehr Beschäftigte in den unterschiedlichsten Berufen und Branchen zu. Bereits ein Drittel aller Vollzeitbeschäftigten arbeitet in einem Niedriglohnjob. In den westlichen Bundesländern müssen 25 Prozent und in den östlichen Bundesländern fast 60 Prozent mit einem Bruttolohn von weniger als 2.163 Euro zurechtkommen. Ein Sechstel der Vollzeitbeschäftigten lebt von Armutslöhnen. Das sind brutto weniger als 1.442 Euro und netto 1.012 Euro.

Stundenlöhne von 4,93 Euro, wie z. B. in Nordrhein-Westfalen im Friseurhandwerk, werden in den östlichen Bundesländern noch unterschritten. Hier erhält eine Friseurin 3,06 Euro (Sachsen). Solche Niedriglöhne werden z. B. im Bäckerhandwerk, im Bewachungsgewerbe, im Einzelhandel, im Floristikbereich, im Gebäudereinigerhandwerk, im Groß- und Außenhandel, im Hotel- und Gaststättengewerbe, im Kfz-Handwerk, im privaten Transport- und Verkehrsgewerbe gezahlt. Solche Niedriglöhne finden sich aber nicht nur im Dienstleistungssektor, sondern auch zunehmend in den traditionellen Industriebereichen.

Dabei ist Erwerbsarbeit und der daraus erzielte Lohn das Wichtigste für die grundlegende Existenzsicherung und Teilhabe am gesellschaftlichen Leben! Sie schafft zudem Identität, Anerkennung und soziale Integration.

6,7 Millionen Beschäftigte (rund 22 Prozent der Gesamtbeschäftigten) gehören zum Niedriglohnsektor, der für sie in den meisten Fällen zur „Niedriglohnfalle" und nicht zu dem in den Medien propagierten „Sprungbrett" für besser bezahlte Tätigkeiten wird. Dies betrifft zwar gleichermaßen Frauen und Männer, dennoch sind von den im Niedriglohnbereich Beschäftigten zwei Drittel Frauen, die trotz einer Vollzeitbeschäftigung arm sind. Auch eine gute Berufsausbildung schützt nicht vor Armut: Zwei Drittel der Niedriglohnbeschäftigten haben eine abgeschlossene Berufsausbildung, zehn Prozent sogar einen akademischen Abschluss.

So verwundert es nicht, dass über eine Million der Erwerbstätigen neben dem Arbeitseinkommen staatliche Unterstützung durch Hartz IV beziehen, um ihre Existenz zu sichern. Das, was die Unternehmer ihren Beschäftigten also verweigern, wenn sie diese zu Niedriglöhnen beschäftigen, zahlt somit jede Bürgerin und jeder Bürger über die Steuerleistungen.

Wir fragen: Wo bleibt die soziale Verantwortung der Unternehmen für unsere Gesellschaft? Während die Unternehmens- und Vermögensgewinne im Jahr 2005 um 32 Milliarden Euro gestiegen sind, sanken im gleichen Zeitraum die Arbeitnehmereinkünfte um 6 Milliarden Euro!

Arm trotz Arbeit? Der KAB NRW und ver.di NRW meinen: Wir brauchen einen gesetzlichen Mindestlohn. Er ist notwendig, um ein einigermaßen würdiges Leben zu sichern. In 18 von 25 Ländern der Europäischen Union existieren bereits gesetzliche Mindestlöhne.

- Der gesetzliche Mindestlohn trägt dazu bei, dass
- Menschen von ihrem Einkommen leben können,
- die Binnenkaufkraft in unserem Lande gestärkt wird,
- die Steuereinnahmen steigen,
- die Transferleistungen (z. B. Unterstützung durch Hartz IV) sinken,
- die sozialen Sicherungssysteme gestärkt werden,
- letztendlich auch die Unternehmen davon profitieren, weil ruinöse Unterbietungswettkämpfe eingeschränkt werden.

KAB NRW und ver.di NRW fordern auch für Deutschland die Einführung eines gesetzlichen Mindestlohnes in Höhe von 7,50 Euro!

Engagiert euch gemeinsam mit dem KAB und ver.di für eure Zukunft als Arbeitnehmerinnen und Arbeitnehmer in NRW, solidarisiert euch und macht euch stark für die Einführung des gesetzlichen Mindestlohns!

V.i.S.d.P.: Vereinte Dienstleistungsgewerkschaft ver.di, Landesbezirk NRW, Fachbereich 3 „Gesundheit, Soziale Dienste, Wohlfahrt und Kirchen", Judith Rösch, Karlstr. 123 - 127, 40210 Düsseldorf, und Katholische Arbeitnehmerbewegung NRW (KAB)

ver.di Infopost | Juni 2007

31. Deutscher Evangelischer Kirchentag
6. – 10. Juni 2007 in Köln

Wo bleiben die Evangelichen Kirchen und ihre Diakonischen Werke aus NRW in der Mindestlohndiskussion?

Liebe Teilnehmerinnen und Teilnehmer des Kirchentages,

fast 7 Millionen Menschen arbeiten in Deutschland im Niedriglohnsektor, also für Löhne, von denen sie kaum oder gar nicht den täglichen Lebensbedarf finanzieren können. Ein Sechstel aller Vollzeitbeschäftigten lebt von Armutslöhnen. Das sind brutto weniger als 1.442 Euro und netto 1.012 Euro. Diese Arbeitnehmerinnen und Arbeitnehmer werden selbst durch Tarifverträge nicht vor Armut geschützt. Sie brauchen einen gesetzlichen Mindestlohn.

Auch unter den ca. 1,3 Millionen Beschäftigten der Kirchen, der Diakonie und der Caritas gibt es mittlerweile Tausende, die für einen Niedriglohn arbeiten müssen, z. B. in prekären Beschäftigungsverhältnissen oder als Leiharbeitnehmerinnen und –arbeitnehmer mit zum Teil um 30 % abgesenkten Löhnen und Gehältern. 1-Euro-Jobs sind inzwischen auch in kirchlichen Einrichtungen keine Seltenheit mehr. Teilweise liegen diese Einkommen noch unter dem Niveau eines gesetzlich geforderten Mindestlohnes.

Ist dies vereinbar mit der christlichen Soziallehre? 1997 hieß es noch in einem gemeinsam vom Rat der Evangelischen Kirche in Deutschland und der Deutschen Bischofskonferenz verfassten Sozialwort zur wirtschaftlichen und sozialen Lage in Deutschland mit dem Titel: „Für eine Zukunft in Solidarität und Gerechtigkeit": „Deshalb ist die Vorstellung, die anstehenden Probleme ließen sich durch eine bloße Anpassung an internationale Wettbewerbsbedingungen und allein schon durch eine Senkung der Lohnkosten lösen, realitätsfern."

Gehen wir noch etwas genauer auf die Realität der kirchlichen Arbeitswelt ein. Viele Mitarbeiterinnen und Mitarbeiter im Bereich der Evangelischen Kirchen in Rheinland, Westfalen und Lippe und der Diakonischen Werke müssen Jahr für Jahr zunehmende Verschlechterungen ihrer Arbeitsbedingungen und Absenkungen ihrer Einkommen ertragen.

Hier nur einige Beispiele aus dem Kirchlichen Arbeitsvertragsrecht Rheinland/ Westfalen/Lippe (BAT-KF):

1998: 50 %ige Kürzung des Weihnachtsgeldes oder Senkung der Wochenarbeitszeit auf 37 Stunden mit anteiliger Lohn- bzw. Gehaltskürzung (I. Arbeitsplatzsicherungsordnung),

2002: Einführung von Niedriglohngruppen im Bereich Hauswirtschaft, Reinigung u. Technik,

2003: 20 %ige Kürzung des Weihnachtsgeldes oder Erhöhung der Wochenarbeitszeit auf 39,5 Stunden ohne Lohn- oder Gehaltserhöhung (II. Arbeitsplatzsicherungsordnung),

2003: Umstellung der Kirchlichen Zusatzversorgung auf das Punktemodell: Verluste bis zu 20 % in der Gesamtversorgung,

2004: 50 %ige Kürzung des Weihnachtsgeldes oder Erhöhung der Wochenarbeitszeit auf 40 Stunden ohne Lohn- oder Gehaltserhöhung (I. Beschäftigungssicherungsordnung),

2005: Gehaltssenkungen um rund 25 % durch Einführung der S-Gruppen in den Qualifizierungs- und Beschäftigungsgesellschaften.

Wir stellen fest: Bereits ein Jahr nach Erscheinen des Sozialworts handelten die Evangelischen Kirchen in NRW gegen ihr eigenes gesprochenes Wort. Wir zitieren noch einmal aus dem Sozialwort: „Die Kirchen sind als Arbeitgeber … auch wirtschaftlich Handelnde. Sie können nicht Maßstäbe des wirtschaftlichen Handelns formulieren und öffentlich vertreten, ohne sie auch an sich selbst und das eigene wirtschaftliche Handeln anzulegen. Mit Recht wird dies als eine Frage der Glaubwürdigkeit angesehen."

Wir meinen, wenn die Evangelischen Kirchen und ihre Diakonischen Werke ihre Glaubwürdigkeit nicht (weiter) verspielen wollen, müssen sie in der aktuellen Diskussion um die Einführung eines gesetzlichen Mindestlohnes eindeutig Position beziehen. Im April 2007 hat ver.di NRW alle drei Evangelischen Landeskirchenleitungen und die dazugehörigen Diakonischen Werke mit der Bitte um Unterstützung bei der Durchsetzung eines gesetzlichen Mindestlohnes angeschrieben. Bis heute hat es keinerlei Reaktionen auf unsere Schreiben gegeben. Dies ist umso unverständlicher, wenn man weiß, dass sich bereits die Katholische Kirche und die Katholische Arbeitnehmer-Bewegung für die Einführung eines gesetzlichen Mindestlohnes ausgesprochen haben.

Gute Arbeit verdient einen gerechten Lohn. Insbesondere die Mitarbeiterinnen und Mitarbeiter, die ja auch Kirchenmitglieder sind, erwarten von der Kirche nicht nur gute und richtige Worte, sondern auch entsprechende Taten!

Der Anspruch der christlichen Soziallehre kann nur erfüllt werden, wenn soziale Gerechtigkeit und Arbeitsleistung verbunden werden. Praktisch umgesetzt bedeutet dies:

- Die Aufwertung und Anerkennung der gesellschaftlich und menschlich notwendigen Dienstleistungen im Gesundheits- und Sozialwesen,
- eine gerechte, existenzsichernde Entlohnung für die Beschäftigten in diesen Bereichen,
- eine Rückbesinnung auf die Qualitäten und die gesellschaftliche Verantwortung sowohl nachinnen wie nach außen von Wertegemeinschaften, wie sie Kirchen und ihre Wohlfahrtsverbänden darstellen.

Liebe Teilnehmerinnen und Teilnehmer des Kirchentages, in vielen Veranstaltungen auf dem Kirchentag wird diskutiert. „Würde wächst durch teilen", „Unantastbarkeit der Würde", „Alle sind mitverantwortlich" – sind nur einige der Themenschwerpunkte. Wir bitten Sie und fordern Sie auf: Diskutieren Sie mit, sprechen Sie über die Einkommen und Arbeitsbedingungen der kirchlichen Beschäftigten, setzen Sie sich mit uns ein für die Einführung eines gesetzlichen Mindestlohnes.

V.i.S.d.P.R: Judith Rösch, ver.di NRW | Jürgen Klute, Pfarrer, evangelischer Sozialethiker | Harald Afholderbach, Vorsitzender Landesfachkommission Kirchen NRW | Dr. Hans Udo Schneider, Sozialpfarrer in Gladbeck

Wo bleiben die Evangelischen Kirchen und ihre Diakonischen Werke in Niedersachsen, Bremen und Oldenburg in der Mindestlohndiskussion?

20. 06. 2007

Fast 7 Millionen Menschen arbeiten in Deutschland im Niedriglohnsektor, also für Löhne, von denen sie kaum oder gar nicht den täglichen Lebensbedarf finanzieren können. Ein Sechstel aller Vollzeitbeschäftigten lebt von Armutslöhnen. Das sind brutto weniger als 1.442 Euro und netto 1.012 Euro. Diese Arbeitnehmerinnen und Arbeitnehmer werden selbst durch Tarifverträge nicht vor Armut geschützt. Sie brauchen einen gesetzlichen Mindestlohn.

Auch unter den ca. 1,3 Millionen Beschäftigten der Kirchen, der Diakonie und der Caritas gibt es mittlerweile Tausende, die für einen Niedriglohn arbeiten müssen, z.B. in prekären Beschäftigungsverhältnissen oder als Leiharbeitnehmerinnen und -arbeitnehmer mit zum Teil um 30 % abgesenkten Löhnen und Gehältern. 1-Euro-Jobs sind inzwischen auch in kirchlichen Einrichtungen keine Seltenheit mehr.

Teilweise liegen diese Einkommen noch unter dem Niveau eines gesetzlich geforderten Mindestlohnes.

Ist dies vereinbar mit der christlichen Soziallehre? 1997 hieß es noch in einem gemeinsam vom Rat der Evangelischen Kirche in Deutschland und der Deutschen Bischofskonferenz verfassten Sozialwort zur wirtschaftlichen und sozialen Lage in Deutschland mit dem Titel: „Für eine Zukunft in Solidarität und Gerechtigkeit":

„Deshalb ist die Vorstellung, die anstehenden Probleme ließen sich durch eine bloße Anpassung an internationale Wettbewerbsbedingungen und allein schon durch eine Senkung der Lohnkosten lösen, realitätsfern."

Gehen wir noch etwas genauer auf die Realität der kirchlichen Arbeitswelt ein. Viele Mitarbeiterinnen und Mitarbeiter im Bereich der Konföderation Evangelischer Kirchen in Niedersachsen müssen Jahr für Jahr zunehmende Verschlechterungen ihrer Arbeitsbedingungen und Absenkungen ihrer Einkommen ertragen.

Wir zitieren noch einmal aus dem Sozialwort: „Die Kirchen sind als Arbeitgeber ... auch wirtschaftlich Handelnde. Sie können nicht Maßstäbe des wirtschaftlichen Handelns formulieren und öffentlich vertreten, ohne sie auch an sich selbst und das eigene wirtschaftliche Handeln anzulegen. Mit Recht wird dies als eine

Frage der Glaubwürdigkeit angesehen."

Ich meine, wenn die Evangelischen Kirchen und ihre Diakonischen Werke ihre Glaubwürdigkeit nicht (weiter) verspielen wollen, müssen sie in der aktuellen Diskussion um die Einführung eines gesetzlichen Mindestlohnes eindeutig Position beziehen.

Gute Arbeit verdient einen gerechten Lohn. Insbesondere die Mitarbeiterinnen und Mitarbeiter, die ja auch Kirchenmitglieder sind, erwarten von der Kirche nicht nur gute und richtige Worte, sondern auch entsprechende Taten!

Renate Richter, ver.di-Bundesverwaltung

Hilmar Ernst, ADK Konföderation Nds., Niedersachsen/ver.di

Jürgen Klute

Der Präses der Evangelischen Kirche im Rheinland, Nikolaus Schneider, unterstützt auf dem Kirchentag die Forderung nach einem gesetzlichen Mindestlohn

Bereits im Vorfeld des Deutschen Evangelischen Kirchentages in Köln im Juni 2007 berichtete WDR5 in einem Feature („Arm und alt und kleiner? Die evangelischen Kirchen sparen.") über die Finanzdiskussionen innerhalb der evangelischen Kirchen und über die damit verbundenen Entlassungen und Lohnkürzungen für Mitarbeitende der Kirchen und ihrer Diakonischen Werke. Denn viele von ihnen bekommen die Ambivalenz des Kirchentagsmottos zu spüren: "Lebendig und kräftig und schärfer" (Hebräerbrief 4,12). Zunehmend schärfer und bissig wie Haifische verhalten sich Kirche und Diakonie nämlich gegenüber ihren Mitarbeitenden, wenn es um's Kostensenken geht.

Stärker als je zuvor wurde die Evangelische Kirche auf diesem Kirchentag mit ihrer Rolle als Arbeitgeberin konfrontiert. In seinem dortigen Wortbeitrag über Reichtum in Deutschland wies Claus Schäfer vom WSI unmissverständlich darauf hin, dass auch Kirche und Diakonie mit ihren Niedriglohnsektoren zu den sozialen Verwerfungen in unserer Gesellschaft beitragen. Und Peter Bofinger und Rudolf Hickel forderten in ihren Beiträgen die Einführung eines gesetzlichen Mindestlohnes: Der Mindestlohn ist für Bofinger ein nötiges Instrument zur Armutsbekämpfung und für Hickel ein nötiges lohnerhaltendes Element in den sozialen Sicherungssystemen, da die Hartzreformen die lohnerhaltende Funktion der Arbeitslosenversicherung eliminiert haben. Die AG Christinnen und Christen bei der Partei DIE LINKE hat an ihrem Stand eine Broschüre zur Diskussion des Mindestlohnes in der Kirche verteilt.

Auch Gewerkschaften haben sich zu diesem Thema auf dem Kirchentag eingemischt. Zuvor, am 1. Mai 2007, hatte ver.di – gemeinsam mit der NGG – den ‚Mindestlohn-Truck' mit einer Ausstellung zum Thema "Arm trotz Arbeit" auf eine Tour durch die Republik geschickt; dieser Truck war dann auch auf dem Kirchentag. Und bereits einige Wochen vor dem Kirchentag hatte ver.di NRW die Leitungen der drei Kirchen in NRW und ihre Diakonischen Werke angeschrieben und sie um Beteiligung an der Mindestlohnkampagne gebeten; bis zum Kirchentag hat aber keine der angeschriebenen Institutionen geantwortet. Im Vorfeld hatte ver.di NRW auch eine gemeinsame Stellungnahme mit der KAB NRW zur Einführung eines gesetzlichen Mindestlohnes herausgegeben; ein Flugblatt zum Kirchentag hat dann auf das Schweigen der evangelischen Seite zum Thema aufmerksam gemacht: Rund 10.000 Exemplare beider Flugblätter wurden auf dem Kirchentag von ver.di- und NGG-Mitgliedern verteilt. Da es hier um die Existenz von ArbeitnehmerInnen geht, haben die GewerkschafterInnen – entgegen der üblichen Kirchentagsregel – sich die Freiheit erlaubt, die Flugblätter auf dem gesamten Kirchentagsgelände zu verteilen. Dies hat ihnen mehrfach Ärger eingebracht mit einigen Leitenden der von der Kirchentagsleitung als Ordnungsdienst eingesetzten Pfadfinder.

Am 08. Juni gab es eine Veranstaltung mit Franz Müntefering und Nikolaus Schneider, dem Präses der Evangelischen Kirche im Rheinland, zu Hartz IV. Die ver.di- und NGG-KollegInnen haben diese Chance natürlich genutzt und ihre Flugblätter unter den rund 1.500 TeilnehmerInnen der Veranstaltung verteilt. Offensichtlich auf Weisung der Veranstalter haben die besagten Pfadfinder diese Aktion nach kurzer Zeit gestoppt. Als die Diskussion für das Saalplenum geöffnet wurde, hat sich Judith Rösch, die bei ver.di NRW für Kirchen und Wohlfahrtsverbände zuständig ist, sofort zu Wort gemeldet. Zunächst sollte ihr das Mikrofon verweigert werden. Sie hat sich aber durchsetzen und das auf den Flugblättern beschriebene Anliegen vortragen können – einschließlich der Information, dass die Kirchen bisher keine Antwort gaben auf die Unterstützungsanfrage in der Mindestlohnkampagne trotz der gravierenden Tatsache, dass in NRW 2,57 Millionen Menschen unter der Armutsgrenze leben und viele von ihnen arm trotz Arbeit sind: „Arm trotz Arbeit" bedeutet, ein Einkommen von weniger als 1.229,-- Euro brutto oder rund 615,-- Euro netto zu beziehen (Daten: Sozialbericht NRW 2007). Judith Röschs Redebeitrag wurde durch starken Beifall seitens des Plenums unterstützt. Die Erklärung des Präses, die Kirche sei eine große Behörde und da könne schon mal ein Brief verloren gehen, hat dagegen wenig Sympathie im Plenum gefunden.

Entscheidend aber war die mehrfach bekräftigte Aussage des rheinischen Präses, dass er sich schon wiederholt für die Einführung eines gesetzlichen Mindestlohns ausgesprochen habe. Diese – wenn auch eher spontan geäußerte – Aussage nun ist die erste Unterstützungserklärung eines evangelischen Präses bzw. Bischofs für einen gesetzlichen Mindestlohn. Damit kommt Präses Schneider das Verdienst zu, in der evangelischen Kirche in dieser zentralen sozialethischen und sozialpolitischen Frage eine Vorbildfunktion übernommen zu haben, der sich andere Landeskirchenleitungen nur noch anschließen können, wenn sie nicht ihre Glaubwürdigkeit riskieren wollen. Auch die Leitungen der Diakonischen Werke werden an diesem Votum nicht vorbeikommen.

Auf dem Kölner Kirchentag hat sich also wieder Widersprüchliches gezeigt: Die Kirche fordert Gerechtigkeit lieber von anderen, als sie selbst zu praktizieren. Aber auch: Durch gut organisiertes gewerkschaftliches Auf- und Eintreten lässt sich die Kirchenleitung durchaus dazu bewegen, sich mit dem ungeliebten Thema Mindestlohn zu befassen und die gewerkschaftliche Forderung nach einem gesetzlichen Mindestlohn zu unterstützen. Selbst der Kirchliche Dienst in der Arbeitswelt (KDA), der seit mehr als einem Jahr zu diesem zentralen sozialethischen Thema beharrlich geschwiegen hat, will nun zusammen mit ver.di auf Bundesebene dazu eine Stellungnahme erarbeiten und veröffentlichen.

Auch wenn dies alles relativ unspektakulär und eher am Rande des Kirchentags geschehen ist: Politisch ist die Unterstützung eines gesetzlichen Mindestlohns durch Präses Nikolaus Schneider wohl das bedeutsamste Ergebnis des Kirchentages. Nun kann die evangelische Kirche Schärfe beweisen, indem sie diese Position kirchenintern manifestiert und offensiv in die weitere politische Diskussion hineinträgt, um die Betroffenen öffentlich zu unterstützen – und diejenigen, die im Bundestag für einen gesetzlichen Mindestlohn streiten.

Aus: AMOS Nr. 2 | 2007

„Arm trotz Arbeit"
Ein Beitrag zur Mindestlohndebatte

Erklärung des Sozialausschusses des Evangelischen Kirchenkreises Gladbeck – Bottrop – Dorsten

In den vergangenen Monaten hat sich der Sozialausschuss des Evangelischen Kirchenkreises Gladbeck Bottrop Dorsten eingehend mit Prozessen der Ausbreitung von Armut und der wachsenden sozialen Spaltung in unserer Gesellschaft befasst. In diesem Zusammenhang sind wir aufmerksam geworden auf die deutliche Zunahme von Beschäftigungsformen, die selbst bei voller Arbeitszeit nicht mehr mit einer die wirtschaftliche Existenz sichernden Entlohnung verbunden sind. So arbeiten 36 Prozent der Vollzeitbeschäftigten im Niedriglohnssektor: 24 Prozent erhalten prekäre Löhne (das entspricht 75 Prozent des Durchschnittslohnes) und 12 Prozent der Beschäftigten erhalten lediglich Armutslöhne (das entspricht weniger als 50 Prozent des Durchschnittslohnes – derzeit 1470 € brutto mtl.).

Wir haben wahrgenommen, dass solche Formen von „Armut trotz Arbeit" („Working Poor") wachsen und inzwischen nicht mehr nur die Dienstleistungsbereiche betreffen. Auch in den klassischen Industriebereichen, etwa auf die in der Industriegewerkschaft Metall organisierten Beschäftigten und ihre Gewerkschaft wird unter Hinweis auf deutlich niedrigere Lohnkosten anderswo erheblicher Druck mit dem Ziel der Absenkung der Lohnhöhe ausgeübt.

Die augenblicklichen Entwicklungen etwa in den Bereichen der Post- oder Telekommunikationsdienstleistungen lassen erkennen, dass auch dort ähnliche Prozesse stattfinden. Die zunehmende Aufhebung der Tarifbindung fördert solche Prozesse. Diese Entwicklung steht im Zusammenhang mit den im internationalen Vergleich gesunkenen bzw. unterdurchschnittlich gestiegenen Lohnstückkosten in vielen Bereichen der deutschen Wirtschaft. Die durchschnittlichen Nettolöhne (2007) haben das Niveau von 1987.

Dieser Trend, dass immer mehr Menschen zu nicht mehr existenzsichernden Löhnen arbeiten, entspricht der Entwicklung der letzten Jahre: der Armut einer wachsenden Zahl von Menschen auf der einen Seite steht ein immer größerer Wohlstand auf der anderen Seite gegenüber. Die Schere „Arm - Reich" geht immer weiter auf in unserem Land. Von prekärer Entlohnung sind vor allem Frauen auch in den personennahen Dienstleistungen der Wohlfahrtsverbände betroffen.

Auf Lohnarmut folgt Rentenarmut. Hungerlöhne sind ein entscheidender Grund für die Misere des Sozialstaats. Der Staat ist gezwungen, nicht Existenz sichernde Löhne aufzustocken, er wird dadurch ausgenutzt und erpressbar.

Der Sozialausschuss sieht in dieser wahrgenommenen Entwicklung die Gefahr einer zunehmenden Polarisierung der Gesellschaft verbunden mit Prozessen der Ausgrenzung und Stigmatisierung. Dies führt unter den Verliererinnen und Verlierern zu Resignation und Rückzug aus dem gesellschaftlichen und politischen Leben. Für die politische Kultur unseres Landes ist das eine fatale Entwicklung. Daneben ist auch eine zunehmende Gewaltbereitschaft angesichts der subjektiv als ausweglos empfundenen Situation festzustellen. Ebenso eindeutig sind die Zusammenhänge von Armut und Krankheit, von Armut und geringen Bildungschancen, sowie hoher Arbeitslosigkeit. Der Satz: „Sozial ist, was Arbeit schafft", entlarvt sich als blanke Ideologie.

Angesichts dieser Entwicklung erinnert der Sozialausschuss an Grundsätze im Blick auf Entlohnung, die sich in der Rechtstradition unseres Landes finden. So formuliert die Verfassung des Landes Nordrhein-Westfalen als Anspruch (§ 24 Satz 2 der Verfassung des Landes Nordrhein-Westfalen vom 28.6.1950):

(2) Der Lohn muss der Leistung entsprechen und den angemessenen Lebensbedarf des Arbeitenden und seiner Familie decken. Für gleiche Tätigkeit und gleiche Leistung besteht Anspruch auf gleichen Lohn. Das gilt auch für Frauen und Jugendliche.

In ähnlicher Weise äußert sich auch die Allgemeine Erklärung der Menschenrechte: (Resolution 217 A (III), Artikel 23)

Jeder, der arbeitet, hat das Recht auf gerechte und befriedigende Entlohnung, die ihm und seiner Familie eine der menschlichen Würde entsprechende Existenz sichert, gegebenenfalls ergänzt durch andere soziale Schutzmaßnahmen.

Grundlage dieser Rechtssatzungen ist der Anspruch, dass Arbeit das Auskommen der sie leistenden Personen und ihrer Familien sicherstellen soll.

Ähnlich betont auch das Sozialwort der Kirchen aus dem Jahr 1997: „Vielmehr muss die Entlohnung in Verbindung mit den staatlichen Steuern, Abgaben und Transfers auch ein den kulturellen Standards gemäßes Leben ermöglichen."(aus 151)

Hinter dieser Formulierung steht im Sozialwort der Kirchen das Bemühen um einen ethischen Grundkonsens, den es jenseits von Einzelinteressen als Perspektive einer zukunftsfähigen Gesellschaft neu zu formulieren gelte. Dabei bringt die Kirche, die ihr aus der biblischen Tradition aufgetragene „Option für die Armen" in den gesellschaftlichen Diskurs ein:

"In der Perspektive einer christlichen Ethik muss darum alles Handeln und Entscheiden in Gesellschaft, Politik und Wirtschaft an der Frage gemessen werden, inwiefern es

die Armen betrifft, ihnen nützt und sie zu eigenverantwortlichem Handeln befähigt. Dabei zielt die biblische Option für die Armen darauf, Ausgrenzungen zu überwinden und alle am gesellschaftlichen Leben zu beteiligen." (aus 122).

In diesem Sinne fragen wir nach möglichen Instrumenten, die die Einlösung der oben formulierten Forderungen ermöglichen bzw. unterstützen. Ein solches Instrument ist, so zeigte die Diskussion innerhalb des Ausschusses, der gesetzliche Mindestlohn.

Was ist der gesetzliche Mindestlohn?

Ein gesetzlicher Mindestlohn definiert eine Untergrenze, die kein Lohn unterschreiten darf. Er ist das Mindest-Entgelt für geleistete Arbeit. Das Ziel eines Mindest-Entgelts ist, eine Existenzsicherung durch Arbeit im Rahmen einer Vollzeitstelle zu ermöglichen. Er beschreibt damit, bezogen auf den Stundenlohn, branchenübergreifend die Untergrenze jeder Lohnvereinbarung und jedes Tarifvertrages. Damit stellt er bezogen auf das Lohnniveau die verbindliche untere Grenze dar, von dem jede weitergehende Vereinbarung, etwa in Form von Tarifverträgen ausgehen kann. Er sichert damit die Entlohnung menschlicher Arbeit vor einem grenzenlosen „Wettbewerb nach unten", der zu immer niedrigeren Löhnen führt.

Wir betrachten einen solchen gesetzlichen Mindestlohn als ein geeignetes Instrument, um die weitere Absenkung von Löhnen zu verhindern. Er bringt zum Ausdruck, dass menschliche Arbeit kein beliebig handelbares Gut ist, sondern als Instrument dazu dient, ein menschenwürdiges Leben führen zu können. Diese Würde der Arbeit ist ein Wert, den zu schützen nach unserem Verständnis Auftrag des Staates ist. Wir weisen deshalb dem Staat die Aufgabe zu, die Einführung und Einhaltung eines solchen Mindestlohnes bundesweit sicherzustellen. Insbesondere die Einhaltung von Mindestlöhnen stellt für die Behörden eine große Herausforderung dar. Wie die Erfahrungen in der Baubranche zeigen, wird der Mindestlohn massenhaft unterlaufen. Das hat zwei entscheidende Gründe: es fehlen geeignete Instrumente und es gibt kein sozial-kulturelles Klima mehr, das Dumpinglöhne ächtet. Gleichwohl sollte der Staat Zeichen setzen und bestehende tarifvertragliche Regelungen, die mit einer Tarifstufe oberhalb des Mindestlohens beginnen, für allgemeinverbindlich erklären.

In welcher Höhe ist der Mindestlohn anzusetzen?

Eine allgemein anerkannte Definition von Armut in unserer Gesellschaft erscheint schwierig; sie kann im Rahmen dieser Stellungnahme nicht wiedergegeben oder gar geleistet werden. Als eine erste „ad hoc" geeignete Untergrenze ist aus unserer Sicht die so genannte „Pfändungsfreigrenze" zu betrachten; sie definiert für Überschuldete das Einkommen, das ihnen nach Abzug aller Rückzahlungsleistungen ungeschmälert zur Sicherung des Lebensunterhaltes verbleibt. Sie liegt in den westlichen Bundesländern augenblicklich bei einem Nettogehalt von rund 985 €. Dies entspricht einem Bruttostundenlohn von etwa 8 €.

Dieser Mindestlohn ist der Entwicklung der Lebenshaltungskosten und des allgemeinen Lohnniveaus entsprechend regelmäßig anzupassen. Bereits heute sind mehr als 500 000 Erwerbstätige auf ergänzende Sozialhilfe angewiesen. Das zeigt, ohne Mindestlöhne macht sich der Staat immer mehr erpressbar, gibt es keine Barrieren gegen den Lohnverfall.

Ist ein solcher Mindestlohn kompatibel mit den EU Rahmenbedingungen?

In der öffentlichen Diskussion wird immer wieder angeführt, dass ein solcher gesetzlicher Mindestlohn die Wettbewerbsposition der deutschen Wirtschaft schwächt. Hierzu stellen wir fest, dass in der überwiegenden Zahl unserer europäischen Nachbarländer bereits seit längerem Mindestlöhne eingeführt sind. Deutschland vollzieht damit also lediglich eine entsprechende Entwicklung nach. Andererseits gefährden Niedriglöhne in Deutschland andere EU- Volkswirtschaften, weil sie dort als Argument für Lohndumping dienen. Durch die Einführung des Tariftreuegesetzes sowie einer entsprechenden Arbeitnehmerentsendungsrichtlinie für Arbeitnehmerinnen und Arbeitnehmer aus EU Mitgliedsländern lassen sich Möglichkeiten, eine solche gesetzliche Regelung zu unterlaufen, begrenzen.

Weitere Argumente gegen Mindestlöhne:

1.Mindestlöhne führen zu Arbeitsplatzabbau.

Uns ist keine wissenschaftliche Studie bekannt, die empirisch belegt, dass die Einführung von Mindestlöhnen zum Abbau von Arbeitsplätzen führt. Von daher ist es schon erstaunlich, wie hartnäckig sich ein solches Argument in der öffentlichen Diskussion halten kann

2. Mindestlöhne stellen einen regelwidrigen staatlichen Eingriff in die Volkswirtschaft dar.

Ein solches Argument ist mit den Prinzipien der Sozialen Marktwirtschaft nicht vereinbar, von daher ein rein ideologisches Argument.

3. Mindestlöhne haben eine inflationäre Wirkung und wirken Preis treibend.

Tatsächlich kann es sektoral zu Preissteigerungen kommen, insbesondere in Bereichen mit ausgeprägtem Niedriglohnsektor. Im Gegenzug erhöhen sich allerdings die Einkommen, so dass höhere Preise auch bezahlbar werden.

4. Mindestlöhne überfordern die Wirtschaft.

In dieser allgemeinen Form gibt es dafür keine Belege. In besonders sensiblen Bereichen (das immer wieder angeführte Friseurhandwerk) können Mindestlöhne stufenweise eingeführt werden.

Fazit:

In der Bevölkerung, weiten Teilen von Handwerk und Mittelstand, den Gewerkschaften überwiegen die positiven Einstellungen zur Einführung eines gesetzlichen Mindestlohnes. Widerstand kommt aus Teilen der Politik, der Wirtschaft, den Verbänden, die sich dem marktliberalen Wirtschaftsmodell verpflichtet sehen.

Forderungen und offene Fragen

Im Blick auf die oben beschriebenen Entwicklungen stellt aus unserer Sicht die Einführung eines gesetzlichen Mindestlohnes einen ersten wichtigen Schritt dar, um unsere Gesellschaft zukunftsfähiger zu machen und vor fatalen Entwicklungen zu schützen. Dieser Schritt braucht eine breite politische Unterstützung, auch im Blick auf die Rolle des Staates im Verhältnis zu den im Raum der Wirtschaft Handelnden.

- Wir fordern deshalb kirchliche Gruppen und die im Raum der Kirchen Verantwortlichen an, sich mit der skizzierten Entwicklung auseinanderzusetzen und dazu Stellung zu beziehen. Dazu sollte die Zusammenarbeit mit anderen Akteuren gesucht und entwickelt werden.

- Wir laden die im Raum des Staates und der Wirtschaft Verantwortlichen ein, mit uns das Gespräch über Rolle und Aufgabe des Staates bei der Gestaltung einer zukunftsfähigen Gesellschaft und seiner Instrumente zu führen

Wir sehen weitergehenden Klärungsbedarf bei einer Reihe von Fragen, die hier berührt, aber nicht erschöpfend zu behandeln sind:

- Wie sieht eine belastbare Definition von Armut in unserer Gesellschaft aus?
- Wie kann eine Grundsicherung in unserem Land und weltweit aussehen?
- Welche Rolle, welchen Handlungsspielraum und welche Grenzen haben Nationalstaaten bzw. ihrer Zusammenschlüsse angesichts der globalen Herausforderungen?
- Wie lässt sich heute die Würde menschlicher Arbeit neu definieren und vertreten?

Gladbeck, 18.10.2007

Für den Sozialausschuss
Dr. Schneider

Synodalbeschlüsse zum Mindestlohn in der Region Duisburg/Niederrhein

Kirchenkreise Dinslaken, Duisburg, Kleve, Moers und Wesel zur Einführung eines gesetzlichen Mindestlohnes, alle aus November 2007

Kreissynode Dinslaken

Die Kreissynode Dinslaken spricht sich dafür aus, dass in der Bundesrepublik ein gesetzlicher Mindestlohn eingeführt wird, der bei einer Vollzeitbeschäftigung für Alleinstehende ein Einkommen ermöglicht, das nicht auf Arbeitslosengeld II (Hartz IV) angewiesen ist.

Die Kreissynode bittet die Landessynode in gleicher Weise zu beschließen.

10. November 2007

Kreissynode Duisburg

Die Kreissynode Duisburg spricht sich dafür aus, dass in der Bundesrepublik ein gesetzlicher Mindestlohn eingeführt wird, der bei einer Vollzeitbeschäftigung für Alleinstehende ein Einkommen ermöglicht, das nicht auf Arbeitslosengeld II (Hartz IV) angewiesen ist.

Die Kreissynode bittet die Landessynode in gleicher Weise zu beschließen.

3. November 2007

Kreissynode Kleve

Die Kreissynode Kleve spricht sich dafür aus, dass in der Bundesrepublik ein gesetzlicher Mindestlohn eingeführt wird, der bei Vollzeitbeschäftigung für einen Alleinstehenden ein Einkommen ermöglicht, das nicht auf Arbeitslosengeld II (Hartz IV) angewiesen ist.

Die Kreissynode bittet die Landessynode in gleicher Weise zu beschließen und einen Mindestlohn zu fordern, der der Pfändungsgrenze entspricht.

10. November 2007

Kreissynode Moers

Die Kreissynode Moers spricht sich dafür aus, dass in der Bundesrepublik ein gesetzlicher Mindestlohn eingeführt wird, der bei einer Vollzeitbeschäftigung für Alleinstehende ein Einkommen ermöglicht, das nicht auf Arbeitslosengeld II (Hartz IV) angewiesen ist.

Die Kreissynode bittet die Landessynode in gleicher Weise zu beschließen.

10. November 2007

Der Kirchenkreis Moers hat auf Antrag der Synode selbst noch einen Zusatzbeschluss gefasst, der den Kirchlichen Dienst in der Arbeitswelt (KDA) beauftragt, bis zur Sommersynode 2008 einen Bericht vorzubereiten, wie es um die Beschäftigungsverhältnisse und Entgelte bei Kirche und Diakonie selber im Kirchenkreis bestellt ist.

Kreissynode Wesel

Die Kreissynode Wesel spricht sich dafür aus, dass in der Bundesrepublik ein gesetzlicher Mindestlohn eingeführt wird, der bei einer Vollzeitbeschäftigung für Alleinstehende ein Einkommen ermöglicht, das nicht auf Arbeitslosengeld II (Hartz IV) angewiesen ist.

Die Kreissynode bittet die Landessynode in gleicher Weise zu beschließen.

16. November 2007

Begründung

„Alle Arbeitnehmer haben das Recht auf ein gerechtes Arbeitsentgelt, das ihnen und ihren Familien einen angemessenen Lebensstandard sichert", so der Europarat in der Europäischen Sozialcharta von 1961, Teil I, Artikel 4. Und in der Landesverfassung von Nordrhein-Westfalen steht im Artikel 24: „Der Lohn muss der Leistung entsprechen und den angemessenen Lebensbedarf des Arbeitenden und seiner Familie decken."

Das ist zunehmend nicht der Fall. Die Zahl der Menschen, die trotz einer Erwerbsarbeit auf ergänzende Sozialleistungen wie z.B. Arbeitslosengeld II angewiesen sind, wächst kontinuierlich. Über 1 Millionen Menschen in Deutschland erhalten Armutslöhne, d.h. sie können ihr Existenzminimum nicht ohne Hartz IV sichern, davon rund 500.000 Vollzeitbeschäftigte. Betroffene sind vor allem Frauen im Dienstleistungsbereich oder in kleineren Betrieben. Sie sind mehrheitlich, so eine Studie des WSI, nicht unqualifiziert, sondern haben eine Berufausbildung und üben meist auch eine qualifizierte Tätigkeit aus.

Insgesamt lässt sich feststellen, dass sich der Niedriglohnsektor seit Mitte der 1990er Jahre kontinuierlich ausgedehnt hat und in der Tendenz steigend ist.

Aus diesem Grund ist es wichtig, der Abwärtsspirale bei der Lohnentwicklung mit Hilfe eines gesellschaftlich definierten Mindestlohnniveaus zu stoppen. Ein solches Mindestlohnniveau wäre ein Beitrag zur sozialen Gerechtigkeit und würde zugleich auch faire Wettbewerbsbedingungen herstellen helfen, die einen ruinösen Wettbewerb z.B. in der Pflegewirtschaft eindämmen.

Deutschland ist neben Zypern das einzige Land in der EU, das kein allgemein verbindliches Mindestlohnniveau hat. In Luxemburg, Irland, Frankreich, Belgien, Niederlanden und Großbritannien liegt das Mindestlohnniveau auf über 8 Euro.

In Großbritannien wurde eigens eine Kommission eingesetzt, um die wirtschaftlichen Auswirkungen der Mindestlohnregelung zu untersuchen. Dem Abschlussbericht dieser „Low Pay Commission" aus dem Jahr 2003 kann man entnehmen, „dass von dem nationalen Mindestlohn bislang weit mehr als eine Millionen Niedriglohnempfänger profitierten. Dies geschah ohne negative Auswirkungen auf Wirtschaft und Beschäftigung.

Anlage: Tabelle „Kriterien für die Höhe eines Mindestlohns" siehe nächste Seite.

Anlage: Tabelle „Kriterien für die Höhe eines Mindestlohns"

	Hartz IV*	Pfändungsfreigrenze € 985	Europäische Sozialcharta 60 % des durchschnittlichen Nettolohns	Armuslohnschwelle 50 % des durchschnittlichen Bruttolohns
Mindestnettolohn	€ 776	€ 985	€ 1.012	€ 1.035
Lohnsteuer/ Solizuschlag	€ 13	€ 87	€ 107	€ 123
Sozialversich.Beiträge	€ 213	€ 288	€ 301	€ 312
Mindetsbruttolohn	€ 1.002	€ 1.360	€ 1.420	€ 1.470
*pro Stunde**	€ 6,00	€ 8,10	€ 8,50	€ 8,70

* € 345 Regelleistung plus € 331 Wohn- und Heizkosten plus € 100 Mindestfreibetrag
** auf der Basis einer 38,5 Stunden-Woche

Berechnung: Dr. Thorsten Schulte (WSI)

Ökumenisch-Sozialethischer Arbeitskreis NRW

Fünf Dimensionen sozialer Gerechtigkeit

Die fünf Dimensionen sozialer Gerechtigkeit sind dem Positionspapier des Ökumenisch-Sozialethischen Arbeitskreises NRW "Auf dem Weg zu einer Neubestimmung von Arbeit, Einkommen und Leben – Thesen zur Arbeit der Zukunft."* vom April 2000 entlehnt. Die hier vorliegende Fassung enthält gegenüber der ursprünglichen einige Präzisierungen. Sie sind ein Analyse- und Bewertungsraster, mit dessen Hilfe z.B. gesetzliche und tarifpolitische Entwicklungen analysiert und kritisch hinterfragt werden können.

1. *Beteiligungsgerechtigkeit:* Sie meint, dass jedem in unserer Gesellschaft lebenden Menschen von Rechts wegen, durch Bildung und durch Arbeit die Beteiligung am gesellschaftlichen Leben und die Integration in unsere Gesellschaft zu ermöglichen ist. Sie gilt auch für Menschen, die aufgrund von bewaffneten Konflikten, Verfolgung und lebensbedrohlicher wirtschaftlicher Not in ihren Herkunftsländern unter uns leben. Beteiligungsgerechtigkeit ist die Grundlage einer vorsorgenden Sozialpolitik, die aus sozialethischer Sicht Vorrang vor einer nachsorgenden Sozialpolitik hat.

2. *Bedarfsgerechtigkeit:* Sie meint, dass jedem in unserer Gesellschaft lebenden Menschen – vorrangig durch Arbeit, ggf. ergänzt durch Transferleistungen – ein Einkommen sicher zu stellen ist, mit dem er den materiellen Bedarf, der für ein Leben in Würde erforderlich ist, abdecken kann.

3. *Leistungsgerechtigkeit:* Sie meint, dass – aufbauend auf der Beteiligungsgerechtigkeit und auf der Bedarfsgerechtigkeit – jedem in unserer Gesellschaft lebenden Menschen auch ein Einkommensanteil zusteht, der seiner konkreten Fähigkeit, Leistung und Verantwortung gerecht wird.

4. *Verfahrensgerechtigkeit:* Sie meint die Sicherstellung von Beteiligungsrechten, Beteiligungsmöglichkeiten und Beteiligungsverfahren im gesellschaftlich-politischen Leben und im Arbeitsleben für alle Menschen sowie transparente und demokratisch legitimierte Verfahrensregeln im Verhältnis des einzelnen Menschen zum staatlichen Gewaltmonopol und zur Gerichtsbarkeit.

5. *Intergenerative Gerechtigkeit:* Sie meint eine sowohl auf den Generationenvertrag als auch auf den Ressourcenverbrauch bezogene angemessene Verteilung

von Ressourcen zwischen den gegenwärtigen und zukünftigen Generationen, die ein Leben in Würde und in einer intakten Umwelt auch für die heranwachsende und die zukünftigen Generationen zulässt.

---

* *Die fünf Dimensionen sozialer Gerechtigkeit sind dem Positionspapier des Ökumenisch-Sozialethischen Arbeitskreises NRW "Auf dem Weg zu einer Neubestimmung von Arbeit, Einkommen und Leben – Thesen zur Arbeit der Zukunft.", Bochum, im April 2000, entnommen. Das Positionspapier ist dokumentiert in: Wolfgang Belitz, Jürgen Klute, Hans-Udo Schneider (Hg.): Zukunft der Arbeit in einem neuen Gesellschaftsvertrag. Lit Verlag, Münster, 2004 (3. Aufl.), S. 263-282; die Ausführungen zu den fünf Dimensionen sozialer Gerechtigkeit finden sich auf S. 270 ff.*

Auszüge aus

Für eine Zukunft in Solidarität und Gerechtigkeit

**Wort des Rates der EKD und der Deutschen Bischofskonferenz
zur wirtschaftlichen und sozialen Lage in Deutschland**

Hannover/Bonn, am 22. Februar 1997

(107) In der vorrangigen Option für die Armen als Leitmotiv gesellschaftlichen Handelns konkretisiert sich die Einheit von Gottes- und Nächstenliebe. In der Perspektive einer christlichen Ethik muß darum alles Handeln und Entscheiden in Gesellschaft, Politik und Wirtschaft an der Frage gemessen werden, inwiefern es die Armen betrifft, ihnen nützt und sie zu eigenverantwortlichem Handeln befähigt. Dabei zielt die biblische Option für die Armen darauf, Ausgrenzungen zu überwinden und alle am gesellschaftlichen Leben zu beteiligen. Sie hält an, die Perspektive der Menschen einzunehmen, die im Schatten des Wohlstands leben und weder sich selbst als gesellschaftliche Gruppe bemerkbar machen können noch eine Lobby haben. Sie lenkt den Blick auf die Empfindungen der Menschen, auf Kränkungen und Demütigungen von Benachteiligten, auf das Unzumutbare, das Menschenunwürdige, auf strukturelle Ungerechtigkeit. Sie verpflichtet die Wohlhabenden zum Teilen und zu wirkungsvollen Allianzen der Solidarität.

(112) In dem Begriff der sozialen Gerechtigkeit drückt sich aus, daß soziale Ordnungen wandelbar und in die gemeinsame moralische Verantwortung der Menschen gelegt sind. Zur Verwirklichung von Gerechtigkeit gehört es daher, daß alle Glieder der Gesellschaft an der Gestaltung von gerechten Beziehungen und Verhältnissen teilhaben und in der Lage sind, ihren eigenen Gemeinwohlbeitrag zu leisten. „Suche nach Gerechtigkeit ist eine Bewegung zu denjenigen, die als Arme und Machtlose am Rande des sozialen und wirtschaftlichen Lebens existieren und ihre Teilhabe und Teilnahme an der Gesellschaft nicht aus eigener Kraft verbessern können. Soziale Gerechtigkeit hat insofern völlig zu Recht den Charakter der Parteinahme für alle, die auf Unterstützung und Beistand angewiesen sind ... Sie erschöpft sich nicht in der persönlichen Fürsorge für Benachteiligte, sondern zielt auf den Abbau der strukturellen Ursachen für den Mangel an Teilhabe und Teilnahme an gesellschaftlichen und wirtschaftlichen Prozessen."

(151) „Vielmehr muß die Entlohnung in Verbindung mit den staatlichen Steuern, Abgaben und Transfers auch ein den kulturellen Standards gemäßes Leben ermöglichen."

Das Sozialwort spricht auch die Kirchen als Arbeitgeberinnen an: „6. Aufgaben der Kirchen"

6.1 Das eigene wirtschaftliche Handeln der Kirchen

(244) Die Kirchen sind als Arbeitgeber, Eigentümer von Geld- und Grundvermögen, Bauherr oder Betreiber von Einrichtungen und Häusern auch wirtschaftlich Handelnde. Sie können nicht Maßstäbe des wirtschaftlichen Handelns formulieren und öffentlich vertreten, ohne sie auch an sich selbst und das eigene wirtschaftliche Handeln anzulegen. Mit Recht wird dies als eine Frage der Glaubwürdigkeit angesehen. Die Glaubwürdigkeitsforderung erledigt allerdings nicht die Auseinandersetzung mit den Einsichten und Forderungen, die eine Person oder Institution vertritt. Solche Einsichten und Forderungen behalten, wenn sie wohlbegründet sind, ihre Gültigkeit, auch wenn die, die sie vertreten, selbst an ihnen scheitern.

(245) Die Kirchen sind mit ihrer Diakonie und Caritas große Arbeitgeber. In dieser Rolle sind sie – nicht weniger und nicht mehr als andere Arbeitgeber – gefordert, Arbeitsverhältnisse familiengerecht zu gestalten (z.B. flexible Arbeitszeiten), für einen fairen Umgang mit Mitarbeiterinnen und Mitarbeitern einzutreten, den Grundsatz der Gleichstellung von Frauen und Männern zu beachten und für eine konsequente Umsetzung der Ordnungen für die Vertretung und Mitwirkung der Mitarbeiterinnen und Mitarbeiter mit ihren Mitsprache- und Mitbestimmungsmöglichkeiten zu sorgen. In jüngster Zeit sind die Kirchen durch Rückgänge bei den Einnahmen erstmals nach einer langen Phase der Expansion in die Lage geraten, die Zahl der Arbeitsplätze vermindern zu müssen. In dieser angespannten Situation sind alle gefordert, mit sozialem Verantwortungsbewußtsein, sozialer Phantasie und Flexibilität soziale Härten abzuwenden. Besondere Beachtung verdienen Vorschläge, die auf maßvolle Einschränkungen beim Gehalt von kirchlichen Mitarbeiterinnen und Mitarbeitern in den mittleren und oberen Gehaltsgruppen zielen. Wo einschneidende Sparmaßnahmen unausweichlich sind, muß dem Teilen von Arbeit der Vorrang vor dem Abbau von Stellen und vor Entlassungen zukommen. Gehaltseinschränkungen und Stellenteilungen müssen allerdings in vernünftigem Rahmen und mit Augenmaß erfolgen. Eine gute und aufopferungsvolle Arbeit verlangt auch ihren gerechten Lohn.

Auszug aus:

"Zukunft der Arbeit – Leben und Arbeiten im Wandel"

**Beschluß der Landessynode der Evangelische Kirche von Westfalen
vom 10. November 1983**

4. Kirche als Arbeitgeber

Die Zahl der Menschen, die in der Kirche und Diakonie Arbeit suchen, ist groß und nimmt zu. Die Arbeitsplätze in der Kirche und Diakonie ließen sich in vielen Bereichen vermehren. Die finanziellen Mittel dagegen sind begrenzt. Das Ziel gemeinsamer Anstrengungen muß es sein, die Zahl der Ausbildungs- und Arbeitsplätze zu erhalten und möglichst zu vermehren.

Die Landessynode beauftragt die Kirchenleitung, sich in Anbetracht der veränderten Verhältnisse für eine gerechte Verteilung von Arbeit und Einkommen im kirchlichen Bereich einzusetzen und bittet sie, gegebenenfalls der Arbeitsrechtlichen Kommission Vorlagen zuzuleiten, die Möglichkeiten in den nachfolgen genannten Bereichen eröffnen:

- Bei voller Gleichberechtigung von Vollzeit- und Teilzeitarbeit sollten Kirche und Diakonie, da wo es ohne Nachteile für die Arbeit möglich ist, auf freiwilliger Grundlage unter Mitwirkung der jeweiligen Mitarbeitervertretung vermehrt vorhandene Stellen aufteilen und neue Teilzeitstellen schaffen. Die Auswirkungen auf die Altersversorgung sind dabei im besonderen zu prüfen.

- Durch freiwilligen Tausch von Einkommen gegen Freizeit sollen Finanzmittel zur Einrichtung von Ausbildungs- und Arbeitsplätzen freigestellt werden.

- Die genannten Formen der Arbeitszeitverkürzung zur besseren Verteilung der Arbeit (siehe Seiten 104 unten, 105 oben und 106 unten) sollen auch im Bereich der Kirche erprobt werden.

- Auch Eingriffe in die Besoldungs- und Vergütungsstrukturen zur Sicherung und Vermehrung von Arbeitsplätzen gilt es zu überprüfen. Für die unteren Einkommensgruppen muß ein befriedigendes Einkommen gewährleistet bleiben. Ebenso sind zur Sicherung und Vermehrung von Arbeitsplätzen Nebentätigkeiten und Überstunden abzubauen.

- Das Dienst- und Besoldungsrecht sowie das Tarifrecht für Arbeiter und Angestellte sollte überprüft werden mit dem Ziel, ein einheitliches Personalrecht zu schaffen.

Um die Wirksamkeit dieser Maßnahmen genauer einschätzen zu können, wird die Kirchenleitung beauftragt, Analysen darüber zu erstellen, welche Folgen bestimmte Maßnahmen zur Verteilung von Arbeit und Einkommen sowohl für die Arbeitnehmer als auch für die Arbeitgeber im kirchlichen Bereich haben. Diese Analysen sind der Arbeitsrechtlichen Kommission und der Landessynode vorzulegen. Gemeinsam mit den örtlichen Arbeitsverwaltungen sind Regelungen zur Beschäftigung von Personen aus dem Kreis der Schwervermittelbaren zu treffen.

Auch in der Kirche besteht die Gefahr eines Verdrängungswettbewerbes: Die Bemühungen der Landeskirche, die Beschäftigung von Theologen zu sichern, dürfen keinesfalls zu Lasten der anderen Mitarbeitergruppen gehen. Dazu ist es notwendig, daß die Kirchenkreise und Kirchengemeinden entsprechend finanziell ausgestattet werden.

Zu fragen ist auch, ob Ehepaare mit hohen Familieneinkommen, die aus zwei Arbeitsverhältnissen gespeist sind, durch Verzicht auf eine Stelle oder durch zwei Teilzeitarbeitsverhältnisse zur Verminderung der Arbeitslosigkeit beitragen sollten.

Der Landessynode sollte bei der Tagung darüber berichtet werden, welche Veränderungen durch die Benutzung von Informationstechnologien in der Kirche, insbesondere im Bereich der Verwaltung, entstanden sind und entstehen werden.

Auszug aus:

Die soziale Sicherung im Industriezeitalter
Rat der EKD, 1973

16. Für die Frage der sozialen Sicherung besagt dies, daß zunächst eine Gesamtordnung geschaffen werden muß, bei der die Risiken abgedeckt werden, die durch die Gliederung der Gesellschaft in einem arbeitsteiligen Gesamtprozess selbst entstehen. Die wirtschaftliche Absicherung der großen Lebensrisiken (Unfall, Krankheit, Erwerbslosigkeit, Tod des Ernährers) sowie die Altersversorgung und zusätzliche Kosten für die längere Ausbildung von Kindern gehören heute in grundlegender Weise in die Verantwortung der Gesellschaft. Erst in diesem Rahmen wird die Vielfalt der individuellen und persönlichen Hilfen wirksam und unentbehrlich.

Ein gesetzlicher Mindestlohn wäre ein aktuelles Instrument zur ökonomischen Absicherung des großen Lebensrisikos Armut durch Arbeit als Folge gegebener gesellschaftlicher Arbeitsteilung, denn ein gesetzlicher Mindestlohn hat eine Lohn erhaltende Funktion

Verfassung für das Land Hessen
vom 01. Dezember 1946

Art. 33 [Arbeitsentgelt]

Das Arbeitsentgelt muß der Leistung entsprechen und zum Lebensbedarf für den Arbeitenden und seine unterhaltsberechtigten Angehörigen ausreichen. Die Frau und der Jugendliche haben für gleiche Tätigkeit und gleiche Leistung Anspruch auf gleichen Lohn. Das Arbeitsentgelt für die in die Arbeitszeit fallenden Feiertage wird weiter gezahlt.

Die Allgemeine Erklärung der Menschenrechte
Resolution 217 A (III) vom 10.12.1948

Artikel 23

1. Jeder hat das Recht auf Arbeit, auf freie Berufswahl, auf gerechte und befriedigende Arbeitsbedingungen sowie auf Schutz vor Arbeitslosigkeit.

2. Jeder, ohne Unterschied, hat das Recht auf gleichen Lohn für gleiche Arbeit.

3. Jeder, der arbeitet, hat das Recht auf gerechte und befriedigende Entlohnung, die ihm und seiner Familie eine der menschlichen Würde entsprechende Existenz sichert, gegebenenfalls ergänzt durch andere soziale Schutzmaßnahmen.

4. Jeder hat das Recht, zum Schutz seiner Interessen Gewerkschaften zu bilden und solchen beizutreten.

Verfassung für das Land NRW
vom 28. Juni 1950

Artikel 24

1. Im Mittelpunkt des Wirtschaftslebens steht das Wohl des Menschen. Der Schutz seiner Arbeitskraft hat den Vorrang vor dem Schutz materiellen Besitzes Jedermann hat ein Recht auf Arbeit.

2. Der Lohn muß der Leistung entsprechen und den angemessenen Lebensbedarf des Arbeitenden und seiner Familie decken. Für gleiche Tätigkeit und gleiche Leistung besteht Anspruch auf gleichen Lohn. Das gilt auch für Frauen und Jugendliche.

3. Das Recht auf einen ausreichenden, bezahlten Urlaub ist gesetzlich festzulegen.

Die Konventionen der ILO* zum Mindestlohn

Konventionen der ILO zum Mindestlohn:

- C26 Minimum Wage-Fixing Machinery Convention, 1928
- C99 Minimum Wage Fixing Machinery (Agriculture) Convention, 1951
- Equal Remuneration Recommendation, 1951
- C131 Minimum Wage Fixing Convention, 1970
- R135 Minimum Wage Fixing Recommendation, 1970

Dokumentiert ist ist auf den folgenden Seiten die Empfehlung R135 der ILO zur Festlegung eines Mindestlohns (Auszug aus: R135 Empfehlung zur Festlegung eines Mindestlohns, ILO, 1970; in Deutsch und im englischen Original):

* *ILO = International Labor Organisation / Internationale Arbeitsorganisation, Genf*

R135 Empfehlung zur Festlegung eines Mindestlohns, 1970

Empfehlung bezüglich einer Festlegung eines Mindestlohns, mit besonderem Bezug auf Entwicklungsländer

Empfehlung R135

Ort: Genf

Sitzung der Konferenz: 54

Datum der Annahme: 22.06.1970

Klassifikation: Mindestlohn

Gegenstand: Löhne

Übersetzungen des Dokuments in: Französisch, Spanisch

Status: Up-to-date Instrument

Die allgemeine Konferenz der Internationalen Arbeitsorganisation,

einberufen in Genf durch das Direktorium des Internationalen Arbeitsamtes zu ihrem 54. Treffen am 03. Juni 1970, verabschiedet

unter Beachtung der Regelungen der Empfehlung für das Regelwerk zur Festlegung eines Mindestlohns, 1928 (Minimum Wage-Fixing Machinery Recommendation, 1928), der Empfehlungen für ein Regelwerk zur Festlegung eines Mindestlohns (Landwirtschaft), 1951 (the Minimum Wage Fixing Machinery (Agriculture) Recommendation, 1951), und der Empfehlung für gleiche Bezahlung, 1951 (the Equal Remuneration Recommendation, 1951), die wichtige Richtlinien für Institutionen enthalten, die Mindestlöhne festlegen, und unter Berücksichtigung dessen, dass die Erfahrung aus jüngster Zeit die Bedeutung unterstrichen hat, auf zusätzliche Überlegungen bezüglich der Festlegung eines Mindestlohns, einschließlich dessen, dass die Festlegung von Kriterien, die ein Mindestlohnsystem sowohl zu einem effektiven Instrument sozialen Schutzes und zu einem Element der Strategie ökonomischer und sozialer Entwicklung macht,

und unter Berücksichtigung, dass die Festlegung eines Mindestlohns in keiner Weise die Praxis und das Ausweitung freier Tarifverhandlung als Mittel zur Festlegung von Löhnen, die höher sind als der Mindestlohn, beeinträchtigen sollte,

und nachdem die Annahme einiger Vorschläge bezüglich des Mindestlohnregelwerks und damit zusammenhängender Fragen und deren besondere Bedeutung für Entwicklungsländer, die der fünfte Punkt der Tagesordnung dieses Treffens behandelt, entschieden wurde, und nachdem festgelegt wurde, dass diese Vorschläge die Form einer Empfehlung erhalten soll,

an diesem 22. Juni des Jahres 1970 die folgende Empfehlung, die zitiert werden soll als „Minimum Wage Fixing Recomendation, 1970" („Empfehlung zur Festlegung von Mindestlöhnen, 1970):

I. Der Zweck der Festlegung eines Mindestlohnes

1. Die Festlegung eines Mindestlohn soll Element einer Politik sein, die auf die Überwindung von Armut ausgerichtet ist und auf die Befriedigung der Bedürfnisse (Bedarfe) aller Arbeiter und ihrer Familien.

2. Der grundlegende Zweck der Festlegung eines Mindestlohns ist es, Lohnabhängigen einen nötigen sozialen Schutz in Form eines unteren Lohnniveaus zu garantieren.

II. Kriterien zur Festlegung eines Mindestlohnniveaus

3. Zur Festlegung eines Mindestlohnniveaus sollen u.a. die folgenden Kriterien in Rechnung gestellt werden:

  (a) die Bedürfnisse (der Bedarf) von Arbeitern und ihrer Familien;

  (b) das allgemeine Lohnniveau in dem entsprechenden Land;

  (c) die Lebenshaltungskosten und deren Veränderungen;

  (d) die Sozialleistungen;

  (e) der Bezug zum Lebensstandard anderer sozialer Gruppen;

  (f) ökonomische Faktoren einschließlich der Erfordernisse einer ökonomischen Entwicklung, des Produktivitätsniveaus und des Ziels, ein hohes Beschäftigungsniveau zu erreichen und zu sichern.

R135 Minimum Wage Fixing Recommendation, 1970

Recommendation concerning Minimum Wage Fixing, with Special Reference to Developing Countries

Recommendation:R135

Place:Geneva

Session of the Conference:54

Date of adoption=22:06:1970

Subject classification: Minimum Wage

Subject: Wages

Display the document in: French, Spanish

Status: Up-to-date instrument

The General Conference of the International Labour Organisation,

Having been convened at Geneva by the Governing Body of the International Labour Office, and having met in its Fifty-fourth Session on 3 June 1970, and

Noting the terms of the Minimum Wage-Fixing Machinery Recommendation, 1928, the Minimum Wage Fixing Machinery (Agriculture) Recommendation, 1951, and the Equal Remuneration Recommendation, 1951, which contain valuable guidelines for minimum wage fixing bodies, and

Considering that experience in more recent years has emphasised the importance of certain additional considerations relating to minimum wage fixing, including that of adopting criteria which will make systems of minimum wages both an effective instrument of social protection and an element in the strategy of economic and social development, and

Considering that minimum wage fixing should in no way operate to the prejudice of the exercise and growth of free collective bargaining as a means of fixing wages higher than the minimum, and

Having decided upon the adoption of certain proposals with regard to minimum wage fixing machinery and related problems, with special reference to developing countries, which is the fifth item on the agenda of the session, and

Having determined that these proposals shall take the form of a Recommendation, adopts this twenty-second day of June of the year one thousand nine hundred and seventy, the following Recommendation, which may be cited as the Minimum Wage Fixing Recommendation, 1970:

I. Purpose of Minimum Wage Fixing

1. Minimum wage fixing should constitute one element in a policy designed to overcome poverty and to ensure the satisfaction of the needs of all workers and their families.
2. The fundamental purpose of minimum wage fixing should be to give wage earners necessary social protection as regards minimum permissible levels of wages.

II. Criteria for Determining the Level of Minimum Wages

3. In determining the level of minimum wages, account should be taken of the following criteria, amongst others:

    (a) the needs of workers and their families;

    (b) the general level of wages in the country;

    (c) the cost of living and changes therein;

    (d) social security benefits;

    (e) the relative living standards of other social groups;

    (f) economic factors, including the requirements of economic development, levels of productivity and the desirability of attaining and maintaining a high level of employment.

Deutscher Bundestag Drucksache 16/398 16. Wahlperiode 18. 01. 2006

Antrag der Abgeordneten Werner Dreibus, Dr. Barbara Höll, Dr. Axel Troost, Dr. Gregor Gysi, Oskar Lafontaine und der Fraktion DIE LINKE.

Mindestlohnregelung einführen

Der Bundestag wolle beschließen:

I. Der Deutsche Bundestag stellt fest:

- Die Autonomie der Tarifparteien bei der Lohnfindung ist ein hohes gesellschaftliches Gut in Deutschland. Die Tarifautonomie ist auch in Zukunft zu schützen.

- In Deutschland haben sich in den vergangenen Jahren zum einen Arbeitsmarktsegmente herausgebildet, in denen es keine Tarifbindung gibt. Zum anderen unterlaufen immer mehr Unternehmen aus tarifgebundenen Branchen geltende Tarifverträge.

Beides hat zur Herausbildung eines Niedriglohnsektors geführt: 6,9 Millionen Beschäftigte arbeiten derzeit zu Niedriglöhnen (die Niedriglohn- grenze liegt laut Definition der Organisation für wirtschaftliche Zusammenarbeit und Entwicklung (OECD) bei zwei Drittel des durchschnittlichen Stundenlohns einer Volkswirtschaft). Darunter sind 3,5 Millionen Beschäftigte (davon 2,5 Millionen in Vollzeit), die sich sogar mit einem Armutslohn (weniger als der Hälfte des durchschnittlichen Bruttoeinkommens) begnügen müssen.

Diese Entwicklung schwächt die Position der Beschäftigten in den Tarifverhanlungen und erhöht den Druck auf das Lohngefüge in Deutschland. Eine Fortsetzung dieses Sogs nach unten muss dringend verhindert werden. Bereits die von SPD und BÜNDNIS 90/DIE GRÜNEN gebildete Bundesregierung forderte zur Verhinderung von Lohndumping und zum Schutz des deutschen Tarifmodells gesetzlich garantierte Mindeststandards für Arbeitsentgelte (Bundestagsdrucksache 15/5810).

II. Der Deutsche Bundestag fordert deshalb die Bundesregierung auf:

- schnellstmöglich einen Gesetzentwurf vorzulegen, der sicherstellt, dass alle Arbeitnehmerinnen und Arbeitnehmer, die in Deutschland arbeiten, einen rechtlichen Anspruch auf einen Lohn von mindestens 8 Euro/ Stunde (brutto) haben,

- in den Gesetzentwurf eine zeitlich befristete Übergangsregelung für kleine und mittlere Unternehmen bei der Einführung des Mindestlohnes zu integrieren. Diese Regelung soll denjenigen Unternehmen eine Hilfestellung bieten, die nachweislich nicht kurzfristig in der Lage sind, ihren Beschäftigten den Mindestlohn zu zahlen,

- die Möglichkeit zu schaffen, in Branchen die jeweils tariflich vereinbar- ten Mindestentgelte, die über 8 Euro/Stunde (brutto) liegen, per Beschluss des Bundesarbeitsministers (bzw. der Landesarbeitsminister) auf Antrag einer der beiden Tarifparteien für allgemeinverbindlich zu erklären,

- gemeinsam mit den anderen EU-Regierungen die Möglichkeiten für eine europaweit koordinierte Mindestlohnpolitik zu prüfen. Diese Abstimmung sollte die Festlegung einheitlicher Kriterien zur Bestimmung der Höhe nationaler Mindestlöhne zum Ziel haben. Damit wäre ein bedeutender Schritt zur Umsetzung der in der „EU-Gemeinschaftscharta der sozialen Grundrechte der Arbeitnehmer" von 1989 erhobenen Forderung getan, wonach den Arbeitnehmerinnen und Arbeitnehmern ein gerechtes Arbeitsentgelt zu garantieren ist,

- einen jährlichen Lohndumpingbericht vorzulegen, in dem die regionalen, branchenspezifischen und beschäftigungspolitischen Ausmaße des Lohndumpings und des Missbrauchs von EU-Recht, aber auch die Auswirkungen von 1-Euro-Jobs und Mini-Jobs auf reguläre Arbeitsplätze sowie mögliche Verdrängungseffekte in Deutschland dargelegt werden (s. Bundesratsdrucksache 362/05).

Berlin, den 18. Januar 2006

Werner Dreibus Dr. Barbara Höll Dr. Axel Troost Dr. Gregor Gysi, Oskar Lafontaine und Fraktion

Begründung

Eine gesetzliche Mindestlohnbestimmung würde der zunehmenden Praxis des Lohndumpings einen wirksamen Riegel vorschieben und verhindern, dass immer öfter Entgelte gezahlt werden, die unter dem existenzsichernden Niveau (Armutsschwelle) liegen. Deutschland braucht eine Entwicklung hin zu einer Dienstleistungsgesellschaft und nicht zu einer Dienstbotengesellschaft.

Eine Strategie, die stattdessen auf die Ausdehnung von Niedriglöhnen setzt, kann unser Land nicht aus der Beschäftigungsmisere herausführen. So erklärte noch im November letzten Jahres der frühere SPD-Vorsitzende Franz Müntefering in seiner Rede auf dem SPD-Parteitag: „Die Niedriglohnstrategie ist für Deutschland falsch."

Die Argumentation, Mindestlöhne würden Arbeitsplätze vernichten, ist hingegen nicht sachgerecht. Das beste Beispiel ist die Baubranche. So erklärte Michael Knipper vom Hauptverband der Deutschen Bauindustrie: „Die Mindestlöhne sind ohne Alternativen, ohne sie hätten mindestens noch mal 250 000 Bauarbeiter ihren Job verloren." (Frankfurter Rundschau vom 12. April 2005). Diese positiven Erfahrungen aus Deutschland werden von Untersuchungen aus den USA und mehreren europäischen Ländern gestützt. So weist etwa die OECD darauf hin, dass zwischen der Existenz von Mindestlöhnen und der Beschäftigungshöhe in traditionellen Niedriglohnbranchen kein eindeutiger Zusammenhang besteht. Das Wirtschafts- und Sozialwissenschaftliche Institut hebt die positive Entwicklung in Großbritannien hervor, wo der Erhöhung des gesetzlichen Mindestlohns zwischen 1999 und 2004 auf 4,85 britische Pfund (etwa 7,10 Euro) ein Rückgang der Arbeitslosenquote von 6,2 auf 4,7 Prozent gegenüber stand.

Deutscher Bundestag Drucksache 16/656 16. Wahlperiode 14. 02. 2006

Antrag der Abgeordneten Brigitte Pothmer, Irmingard Schewe-Gerigk, Markus Kurth, Dr. Thea Dückert, Rainder Steenblock, Dr. Gerhard Schick und der Fraktion BÜNDNIS 90/DIE GRÜNEN

Mindestarbeitsbedingungen mit regional und branchenspezifisch differenzierten Mindestlohnregelungen sichern

Der Bundestag wolle beschließen:

I. Der Deutsche Bundestag stellt fest:

Lohndumping und Unterbietungskonkurrenz zu Lasten von Löhnen und Arbeitsbedingungen von Beschäftigten stellen ein zunehmendes Problem in Deutschland dar. Die bestehenden gesetzlichen Regelungen reichen nicht mehr aus, um die rasche Verbreitung von sehr niedrigen Löhnen zu verhindern. Oftmals sind die Hürden für den einzelnen Beschäftigten zu hoch, um gerichtlich gegen Lohnwucher vorzugehen. Tarifverträge und die Regelungskraft der Sozialpartner können keinen hinreichenden Schutz gegen Fehlentwicklungen mehr bieten. Tariflich organisierte Niedriglohnbranchen nehmen genauso zu wie tariflich nicht organisierte Bereiche mit Niedriglöhnen. Deutschland muss deshalb schnell zu verbindlichen Regelungen für Mindestarbeitsbedingungen kommen.

Durch die Erweiterung der EU um neue Mitglieder im Jahre 2004 hat die Mobilität der Arbeitnehmer zwischen den Mitgliedstaaten weiter zugenommen. Diese Entwicklung ist ausdrücklich zu begrüßen. Sie befördert das Zusammenwachsen von Europa und unterstützt das europäische Wirtschafts- und Sozialmodell. Missstände und illegale Praktiken bei der Beschäftigung von Arbeitnehmern aus den neuen Mitgliedsländern werden durch eine Abschottung des deutschen Arbeitsmarktes weiter befördert statt verringert. Die von der Bundesregierung geplante Verlängerung der Beschränkung der Arbeitnehmerfreizügigkeit für die Bürger der neuen Mitgliedstaaten um weitere drei Jahre ist deshalb der falsche Weg. Nur durch umfassende Regelungen für Mindestarbeitsbedingungen, die für inländische wie ausländische Arbeitnehmer gleichermaßen gelten, können gerechte Arbeitsbedingungen und ein fairer Wettbewerb gesichert werden. Dies gilt umso mehr für den Fall, dass die Dienstleistungsrichtlinie in absehbarer Zeit in Kraft tritt und zu einer weiteren Öffnung der nationalen Märkte führt.

II. Der Deutsche Bundestag fordert die Bundesregierung auf,

zügig einen Gesetzentwurf vorzulegen, der Lohndumping verhindert und gesellschaftlich akzeptierte Mindestarbeitsbedingungen für inländische und ausländische Arbeitnehmer in Deutschland festlegt. Dabei müssen die Tarifautonomie gewahrt und sowohl tariflich organisierte wie tariflich nicht organisierte Wirtschaftsbereiche erfasst werden. Dies gelingt durch folgende drei Maßnahmen:

1. Der Anwendungsbereich des Arbeitnehmer-Entsendegesetzes muss auf alle Branchen ausgeweitet werden, um Lohndumping durch die Beschäftigung ausländischer Arbeitnehmer in Deutschland zu verhindern.

2. Die Allgemeinverbindlicherklärung im Tarifvertragsgesetz muss reformiert werden, um branchenbezogene Mindestlöhne zu ermöglichen, die durch die Tarifvertragsparteien der Branche vereinbart und in der Folge auf nicht organisierte Betriebe dieser Branche übertragen werden.

3. Das Gesetz über Mindestarbeitsbedingungen von 1952 muss reformiert und in seiner Anwendung vereinfacht werden, um rechtlich verbindliche Mindestlöhne und Mindestarbeitsbedingungen unter Beteiligung von Sozialpartnern und Wissenschaft in jenen Branchen zu ermöglichen, in denen eigene Tarifstrukturen nicht vorhanden sind.

Berlin, den 14. Februar 2006
Renate Künast, Fritz Kuhn und Fraktion

Begründung

In Deutschland gibt es starke regionale und branchenspezifische Unterschiede in der Höhe der Entgelte, die die unterschiedlichen Lebenshaltungskosten und die unterschiedlichen Branchenstrukturen reflektieren. Diese Unterschiede müssen in Regelungen zu Mindestlöhnen abgebildet werden. Es besteht sonst die Gefahr, dass zu hohe Mindestlöhne Arbeitsplätze vernichten oder zu geringe Mindestlöhne einen Sog nach unten auf das gesamte Lohngefüge ausüben.

Ein allgemeiner, einheitlicher, gesetzlicher Mindestlohn wäre faktisch eine Einschränkung der Tarifautonomie. Die Tarifpartner müssen deshalb in die Ausgestaltung und regelmäßige Anpassung der Mindestlöhne miteinbezogen werden. Die drei genannten Maßnahmen stellen sowohl eine nach Branchen und regional differenzierte Ausgestaltung der Mindestlöhne als auch die umfassende Einbindung der Sozialpartner sicher.

Die Ausweitung des Anwendungsbereichs des Arbeitnehmer-Entsendegesetzes ermöglicht die Nutzung des bisher nur für die Baubranche zur Verfügung stehenden Instrumentariums für alle Branchen der Wirtschaft. Bei Vorliegen eines bundesweit geltenden Tarifvertrages können darin festgelegte Mindestlöhne und Urlaubsbestimmungen sowohl auf Arbeitnehmer von nicht tarifgebundenen inländischen Betrieben als auch auf Arbeitnehmer von ausländischen Betrieben übertragen werden.

Mit einer Vereinfachung der Allgemeinverbindlicherklärung im Tarifvertragsgesetz (TVG) und der Reduzierung der darin festgeschriebenen Vetomöglichkeiten für die Spitzenverbände der Tarifparteien, insbesondere der Arbeitgeber, werden zunehmend unüberwindbare Hürden für die tarifliche Festsetzung von Mindestarbeitsbedingungen wieder abgesenkt. Durch die Reduzierung der Vetomöglichkeiten werden die Tarifpartner der jeweiligen Branchen gestärkt und erhalten die Möglichkeit, umfassend Verantwortung für die Arbeitsbedingungen in ihren Branchen zu übernehmen. Vereinbaren sie Allgemeinverbindlichkeit, gelten die tariflichen Arbeitsbedingungen sowohl für die Arbeitnehmer von organisierten wie nicht organisierten Betrieben der Branche.

Mit dem Gesetz über die Festsetzung von Mindestarbeitsbedingungen von 1952 existiert grundsätzlich bereits ein Instrumentarium zur gesetzlichen Festlegung von Mindestarbeitsbedingungen für jene Branchen, die tariflich überhaupt nicht organisiert sind und damit weder durch das Arbeitnehmer-Entsendegesetz noch durch eine Allgemeinverbindlicherklärung erfasst werden können. Aufgrund der hohen Verfahrenshürden wurde es bisher aber nicht angewandt. Durch eine Verkürzung der im Gesetz bisher vorgesehenen Verfahren und eine Reduzierung der Gremien auf nur einen Ausschuss mit Vertretern der Sozialpartner und der Wissenschaft muss das Gesetz modernisiert und mit dem Ziel einer unbürokratischen Anwendung überarbeitet werden.

Deutscher Bundestag Drucksache 16/1878 16. Wahlperiode 20. 06. 2006

Antrag der Abgeordneten Werner Dreibus, Ulla Lötzer, Dr. Barbara Höll, Dr. Axel Troost, Karin Binder, Dr. Gregor Gysi, Oskar Lafontaine und der Fraktion DIE LINKE.

Für einen sozial gerechten Mindestlohn in Deutschland

Der Bundestag wolle beschließen:

I. Der Deutsche Bundestag stellt fest:

- Mehr als 6 Millionen Beschäftigte arbeiten derzeit Vollzeit zu Niedriglöhnen (weniger als drei Viertel des durchschnittlichen Bruttoeinkommens in Deutschland). Darunter sind mehr als 3 Millionen Beschäftigte, davon mehr als 70 Prozent Frauen, die sich mit einem Armutslohn (weniger als der Hälfte des durchschnittlichen Bruttoeinkommens) begnügen müssen. Darüber hinaus arbeiten mehrere Millionen Menschen in geringfügigen Beschäftigungsverhältnissen und in Teilzeit zu Prekär- und Armutslöhnen. Auch hiervon sind überwiegend Frauen betroffen.

- Zur Eindämmung von Niedriglohnbeschäftigung tragen Mindeststandards für die Entlohnung bei.

- Mindestlohnregelungen, die auf einer tariflichen Lohnfindung basieren, können diesen Anspruch unter den Bedingungen der fortschreitenden Erosion der tariflichen Lohnfindung allein nicht erfüllen. Die Ausbreitung tariffreier und sog. tarifschwacher Zonen macht eine Ergänzung und Stabilisierung der tariflichen Lohnfindung durch einen gesetzlichen Mindestlohn notwendig.

- Die Einführung eines gesetzlichen Mindestlohns ist zudem eine notwendige Maßnahme zur Verringerung der Entgeltungleichheit zwischen Frauen und Männern, die in Deutschland im europaweiten Vergleich besonders hoch ist.

II. Der Deutsche Bundestag fordert die Bundesregierung auf,

1. einen Gesetzentwurf vorzulegen, der die Einführung eines Systems dualer Mindestlöhne zum 1. Januar 2007 sicherstellt.

   Das System dualer Mindestlöhne zeichnet sich aus durch die Kopplung eines gesetzlich festgelegten Mindestlohns mit tariflich vereinbarten und per Gesetz fixierten, branchenbezogenen Mindestlöhnen. Der gesetzliche Mindestlohn bildet die allgemeine Untergrenze der Entlohnung. Liegen die untersten Tarifentgelte einer Branche über dieser gesetzlichen Mindestanforderung, erklärt sie der Gesetzgeber auf Antrag einer der Tarifparteien zum Mindestlohn der jeweiligen Branche.

Diesem Grundsatz entsprechend soll der Gesetzentwurf für einen dualen Mindestlohn folgende Eckpunkte aufweisen:

a. Über ein Mindestentgeltgesetz wird ein allgemeingültiger Bruttostundenlohn als gesetzlicher Mindestlohn festgesetzt. Der gesetzliche Mindestlohn gilt für alle in Deutschland abhängig beschäftigten Arbeitnehmerinnen und Arbeitnehmer.

a. Das Gesetz bestimmt als Einstieg in den gesetzlichen Mindestlohn einen Lohn von 8 Euro brutto pro Stunde.

Nach der Einführung des gesetzlichen Mindestlohns ist dieser mindestens jährlich anzupassen. Die Anpassungen folgen dem Grundsatz, dass Vollzeiterwerbsarbeit ein Einkommen oberhalb der Grenze für Armutslöhne (50 Prozent des Durchschnittseinkommens aus abhängiger Erwerbsarbeit) ermöglichen muss.

Das Gesetz sieht die Möglichkeit einer zeitlich befristeten, stufenweisen Einführung des Mindestlohns in Unternehmen derjenigen Branchen vor, die nicht kurzfristig dazu in der Lage sind, ihren Beschäftigten einen Mindestlohn von 8 Euro zu zahlen.

c. Das Mindestentgeltgesetz regelt gleichzeitig, dass in den Branchen, in denen die tariflich vereinbarten Mindestentgelte über dem gesetzlichen Mindestlohn liegen, diese Tarife als allgemeinverbindlich für die jeweiligen Branchen erklärt werden.

Zu diesem Zweck wird das Arbeitnehmerentsendegesetz (AEntG) so verändert, dass die bisherige Beschränkung auf spezielle Branchen aufgehoben wird. Ebenso muss der Gesetzgeber im Rahmen des Mindestentgeltgesetzes sicherstellen, dass die in Branchentarifverträgen festgelegten untersten Entgelte – unabhängig vom regionalen Geltungsbereich der Verträge – auf Antrag einer Tarifpartei vom Bundesminister für Arbeit und Soziales per Rechtsverordnung als allgemeinverbindlich erklärt werden können.

d. Das Mindestentgeltgesetz legt fest, dass die Modalitäten der Einführung und der Anpassung des gesetzlichen Mindestlohns von der Bundesregierung erst nach der Konsultation der Tarifparteien und wissenschaftlicher Expertinnen und Experten bestimmt werden. Dazu wird ein nationaler Mindestlohnrat eingerichtet, dessen Mitglieder auf Vorschlag der Tarifparteien vom Bundesminister für Arbeit und Soziales ernannt werden. Der Rat wird paritätisch (Gewerkschaften, Unternehmerverbände, Wissenschaft) und geschlechterparitätisch besetzt.

Neben den Empfehlungen für die jährlichen Anpassungsschritte erarbeitet der Mindestlohnrat konkrete Vorschläge für die stufenweise Einführung des Mindestlohns in den Branchen, in denen der Lohn bislang deutlich unter der Einstiegsgröße von 8 Euro liegt.

Zu den weiteren Aufgaben des Mindestlohnrates gehören regelmäßige, geschlechtersensible Untersuchungen der Entwicklung des Niedriglohnsektors, der Wirkung des Mindestlohns auf die Wirtschafts-, Einkommens- und Beschäftigungsentwicklung, die Gleichstellung der Geschlechter sowie Untersuchungen der Wettbewerbssituation der betroffenen Branchen und Unternehmen. Zur Erfüllung dieser Aufgaben wird der Mindestlohnrat durch den Bund entsprechend materiell ausgestattet.

e. Zur wirksamen Durchsetzung des Mindestlohns definiert das Gesetz Kontrollmechanismen, Sanktionen bei Verstößen und es räumt die Möglichkeit der Verbandsklage ein;

2. bei der Einführung eines gesetzlichen Mindestlohns solche Konzepte zurückzuweisen, die eine nicht armutssichere Höhe von Mindestlöhnen (unter 8 Euro) erlauben, die nicht alle in Deutschland Beschäftigten erfassen, die die Einführung von Mindestlöhnen mit der Zahlung von Lohnsubventionen verbinden (Kombilohn) und die Ausweitung von Niedriglohnbeschäftigung zum Ziel haben.

Berlin, den 16. Mai 2006

Werner Dreibus Ulla Lötzer Dr. Barbara Höll Dr. Axel Troost Karin Binder Dr. Gregor Gysi, Oskar Lafontaine und Fraktion

Begründung

1. Mit der Verankerung des dualen Mindestlohns sollen in erster Linie die Ausbeutung von Lohnabhängigen beschränkt und Arbeit ohne Armut garantiert werden: Ein Lohn, der Arbeit ohne Armut ermöglicht, stellt die Mindestanforderung an eine sozial gerechte Gegenleistung für Erwerbsarbeit dar. Bei einer Vollzeitbeschäftigung muss ein Arbeitseinkommen oberhalb der Grenze für Armutslöhne

erzielt werden. Die international übliche Grenze für Armutslöhne liegt bei 50 Prozent des Durchschnittseinkommens für eine Vollzeitbeschäftigung.

Mit der Einführung einer Untergrenze für Erwerbseinkommen würde der duale Mindestlohn dem seit Jahren anhaltenden Rückgang der Real- und Nominaleinkommen in allen Einkommensbereichen entgegenwirken, indem er der weit verbreiteten Praxis des Lohndumpings einen wirksamen Riegel vorschiebt.

2. Mit dem Einstieg von 8 Euro brutto pro Stunde würde gegenwärtig ein Einkommen ermöglicht, das mindestens auf der Höhe der Pfändungsfreigrenze (derzeit 985 Euro) liegt. Mit der Pfändungsfreigrenze hat der Gesetzgeber eine Schwelle angegeben, unter die das Einkommen aus Arbeit auch dann nicht sinken darf, wenn der Arbeitende verschuldet ist. Mit 8 Euro Stundenlohn würde sich Deutschland im Mittelfeld seiner westeuropäischen Nachbarländer bewegen. Der Einstieg in den Mindestlohn mit 8 Euro berücksichtigt außerdem, dass das Ziel von Löhnen oberhalb von 50 Prozent des Durchschnitteinkommens (derzeit wären das 8,80 Euro pro Stunde) dann zu erreichen ist, wenn den Unternehmen eine Anpassungsphase ermöglicht wird.

3. Mit der Definition eines Stundenentgelts als gesetzlichen Mindestlohn wird der fortschreitenden Ausdifferenzierung von Beschäftigungsformen Rechnung getragen. Ein Stundenentgelt erfasst neben Vollzeiterwerbstätigkeit auch Teilzeitbeschäftigungsverhältnisse, befristete Beschäftigungsverhältnisse, Scheinselbstständige, Mini- und Midijobs etc.

4. Der gesetzliche Mindestlohn ist bundesweit einheitlich. Damit unterstützt er die Gleichstellung von Männern und Frauen (zwei Drittel der Beschäftigten im Niedriglohnsektor sind Frauen), die Angleichung der Arbeits- und Lebensbedingungen in Ost und West und er verleiht dem Sozialstaatsprinzip Ausdruck, nach dem der Staat allen arbeitenden Menschen einen gerechten, menschenwürdigen Lohn ermöglichen soll. Die duale Struktur des Mindestlohns verhindert einerseits flächendeckend Armutslöhne und sie ermöglicht andererseits eine Differenzierung von Löhnen entsprechend den unterschiedlichen Produktivitätsniveaus von Branchen – der duale Mindestlohn differenziert auf stabiler Grundlage.

5. Die Einführung, Anpassung und Ausgestaltung der gesetzlichen Säule des Mindestlohns erfolgt so, dass die Normsetzungskompetenz der Tarifparteien bei der Lohnfindung gewahrt wird. Der Mindestlohnrat stützt durch die Einbindung der Tarifparteien das Gebot der Tarifautonomie. Mit der tariflichen Säule des Mindestlohns wird die Tarifautonomie gestärkt und eine branchenbezogene Ausgestaltung von Mindestlöhnen ermöglicht.

6. Mit der Verbesserung der Einkommen durch den dualen Mindestlohn würden auch die Zuflüsse der Sozialversicherungssysteme erhöht und die öffentlichen Haushalte durch die Verringerung von Transferzahlungen an Bezieher niedrigster Löhne entlastet. Der duale Mindestlohn würde die Lohnkonkurrenz zwischen Unternehmen begrenzen, die Produktivitätsentwicklung in den betroffenen Unternehmen anregen und über die Stärkung der Einkommen für eine verbesserte Nachfrage nach Gütern und Dienstleistungen sorgen.

7. In 18 von 25 EU-Staaten gibt es einen gesetzlichen Mindestlohn. Bei unseren westeuropäischen Nachbarn liegt dieser derzeit zwischen 7,36 und 8,69 Euro. Die Erfahrungen bezüglich einkommens- und arbeitsplatzbezogener Wirkungen sind durchweg positiv. Sowohl für die USA als auch für Großbritannien weisen aktuelle Untersuchungen nach, dass durch die Einführung oder die Erhöhung des gesetzlichen Mindestlohns die Beschäftigung nicht abgenommen hat, aber die Einkommenssituation vieler Menschen deutlich verbessert wurde: Allein in Großbritannien hat sich seit der Einführung des gesetzlichen Mindestlohns im Jahr 1999 die wirtschaftliche Situation von über 1 Million Beschäftigten verbessert.

8. Zur Weiterentwicklung der europäischen Integration bedarf es auch einer europäischen Mindestlohnpolitik. Nur so lässt sich eine Lohnkonkurrenz auf dem Rücken der Beschäftigten vermeiden. Die Einführung eines gesetzlichen Mindestlohns in Deutschland unterstützt den Integrationsprozess. Sie schafft eine Voraussetzung für die Festlegung europaweit einheitlicher Kriterien zur Bestimmung der Höhe nationaler Mindestlöhne. Damit würde ein bedeuten- der Schritt zur Umsetzung der – in der EU-Gemeinschaftscharta der sozialen Grundrechte der Arbeitnehmer von 1989 erhobenen – Forderung getan, wonach allen Beschäftigten ein gerechtes Arbeitsentgelt zu garantieren ist.

9. Mit der Möglichkeit einer stufenweisen Einführung des gesetzlichen Mindestlohns in Unternehmen derjenigen Branchen, die nicht kurzfristig dazu in der Lage sind, ihren Beschäftigten einen Mindestlohn von 8 Euro zu zahlen, erhalten die betroffenen Unternehmen die Möglichkeit, die Lohnsteigerungen aus eigener Kraft zu bewältigen (beispielsweise durch Produktivitätssteigerung), ohne in wirtschaftliche Schwierigkeiten zu kommen. Zur Einführung des gesetzlichen Mindestlohns sollen keine direkten oder indirekten Lohnsubventionen gezahlt werden. Lohnsubventionen würden Mitnahmeeffekte erzeugen und zur Verdrängung regulärer durch subventionierte Beschäftigungsverhältnisse führen. Die mittelfristigen Folgen dieser Effekte wären die Absenkung des gesamten Lohngefüges und die Ausweitung von Niedriglohnbeschäftigung: Für die Unterneh-

men bedeutet die Subventionierung der untersten Einkommensklasse de facto eine Absenkung der dort gezahlten Löhne. In der Folge werden Unternehmen versuchen, neue Beschäftigte verstärkt in die unterste Einkommensklasse einzuordnen, um Lohnsubventionen zu erhalten. Durch die Absenkung der Löhne entstünde zudem für die Unternehmen ein Anreiz, die unmittelbar über den subventionierten Einkommen liegende Tätigkeiten in die unterste, die subventionierte, Einkommensklasse herabzustufen.

Deutscher Bundestag Drucksache 16/4623, 16. Wahlperiode

Entschließungsantrag der Abgeordneten Werner Dreibus, Dr. Dietmar Bartsch, Karin Binder, Dr. Lothar Bisky, Heidrun Bluhm, Eva Bulling-Schröter, Dr. Martina Bunge, Roland Claus, Sevim Dagdelen, Dr. Dagmar Enkelmann, Klaus Ernst, Diana Golze, Lutz Heilmann, Hans-Kurt Hill, Cornelia Hirsch, Inge Höger, Dr. Barbara Höll, Ulla Jelpke, Dr. Lukrezia Jochimsen, Katja Kipping, Jan Korte, Katrin Kunert, Ulla Lötzer, Dr. Gesine Lötzsch, Ulrich Maurer, Dorothee Menzner, Kornelia Möller, Kersten Naumann, Wolfgang Neskovic, Petra Pau, Bodo Ramelow, Elke Reinke, Volker Schneider (Saarbrücken), Dr. Herbert Schui, Dr. Ilja Seifert, Dr. Petra Sitte, Frank Spieth, Dr. Kirsten Tackmann, Dr. Axel Troost, Jörn Wunderlich, Sabine Zimmermann, Dr. Gregor Gysi, Oskar Lafontaine und der Fraktion DIE LINKE.

zur zweiten und dritten Beratung des von der Bundesregierung eingebrachten Gesetzentwurfs (Drucksache 16/3064)

Entwurf eines Ersten Gesetzes zur Änderung des Arbeitnehmer-Entsendegesetzes

Der Bundestag wolle beschließen:

I. Der Bundestag stellt fest:

In Deutschland arbeiten mehr als 6 Millionen Beschäftigte in Vollzeit zu Niedriglöhnen (weniger als drei Viertel des durchschnittlichen Bruttoeinkommens in Deutschland). Darunter sind mehr als 3 Millionen Beschäftigte, davon mehr als 70 Prozent Frauen, die sich mit einem Armutslohn (weniger als der Hälfte des durchschnittlichen Bruttoeinkommens) begnügen müssen. Darüber hinaus arbeiten mehrere Millionen Menschen in geringfügigen Beschäftigungsverhältnissen und in Teilzeit zu Prekär- und Armutslöhnen. Auch hiervon sind überwiegend Frauen betroffen.

Diese Situation ist nicht hinnehmbar. In einem sozialen Rechtsstaat muss sichergestellt sein, dass jeder Mensch von seiner Arbeit leben kann. Stundenlöhne von unter 8 Euro brutto sind keinesfalls Existenz

sichernd. Deshalb sind Mindeststandards für die Entlohnung notwendig. Bei der Festlegung solcher Mindeststandards sind drei Aspekt zu berücksichtigen.

1. In den Branchen, in denen unterste Entgelte tariflich vereinbart sind, die ein Einkommen von mindestens 8 Euro ermöglichen, müssen diese Entgelte vom

Gesetzgeber für alle Beschäftigten dieser Branche allgemeinverbindlich erklärt werden.

2. In den Branchen, in denen unterste Entgelte tariflich vereinbart sind, die einen Lohn von unter 8 Euro vorsehen, muss ein Mindestlohn von mindestens 8 Euro gesetzlich vorgeschrieben werden. Eine Allgemeinverbindlichkeitserklärung der untersten Entgelte würde ansonsten Niedriglöhne per Gesetz festschreiben.

Betroffen davon sind vor allem Branchen im Dienstleistungsbereich: So liegen etwa die niedrigsten tariflich vereinbarten Bruttostundenlöhne für Wachschützer in Thüringen bei 4,38 Euro und für Beschäftigte in der nordrhein-westfälischen Gastronomie bei 5,25 Euro. Auch Fachkräfte mit Berufsqualifikation arbeiten in einer ganzen Reihe von Berufen – u.a. Friseure, Köche, Hotelkauffrauen, Verkäuferinnen – zu Löhnen von unter 8 Euro.

3. In den Branchen, in denen überhaupt keine tariflichen Regelungen für unterste Entgelte existieren, ist ein gesetzlicher Mindestlohn von mindestens 8 Euro zur Sicherung eines Existenz sichernden Einkommens ebenfalls unumgänglich. In diesen Branchen bestehen keinerlei Voraussetzungen für Allgemeinverbindlichkeitserklärungen.

Aus den genannten Gründen könnte eine Mindestlohnregelung, die allein auf einer tariflichen Lohnfindung basiert, nur für eine Minderheit der heute zu Niedriglöhnen beschäftigten Menschen ein Existenz sicherndes Einkommen garantieren. Eine allgemeine gesetzliche Untergrenze für Löhne und Gehälter von mindestens 8 Euro brutto pro Stunde ist daher unumgänglich. Ein allgemeiner gesetzlicher Mindestlohn könnte wiederum ohne Probleme durch branchenbezogene Mindestlöhne, die höher als der gesetzliche Mindestlohn sind, ergänzt werden.

Jede weitere Verzögerung bei der Einführung einer gesetzlichen Lohnuntergrenze würde die inakzeptable Situation von Armut trotz Arbeit für Millionen Menschen aufrecht erhalten.

II. Der Bundestag fordert die Bundesregierung auf,

unverzüglich einen Gesetzentwurf vorzulegen, der die sofortige Einführung eines gesetzlichen Mindestlohns vorsieht, der für alle Beschäftigten ein Rechtsanspruch auf einen Stundenlohn von mindestens 8 Euro brutto pro Stunde konstituiert.

Berlin, den 7. März 2007

Dr. Gregor Gysi, Oskar Lafontaine und Fraktion

Deutscher Bundestag Drucksache 16/4845 16. Wahlperiode 27. 03. 2007

Antrag der Abgeordneten Werner Dreibus, Hüseyin-Kenan Aydin, Dr. Dietmar Bartsch, Karin Binder, Dr. Lothar Bisky, Heidrun Bluhm, Eva Bulling-Schröter, Dr. Martina Bunge, Roland Claus, Sevim Dag˘delen, Dr. Diether Dehm, Dr. Dagmar Enkelmann, Klaus Ernst, Wolfgang Gehrcke, Diana Golze, Heike Hänsel, Lutz Heilmann, Hans-Kurt Hill, Cornelia Hirsch, Inge Höger, Dr. Barbara Höll, Ulla Jelpke, Dr. Lukrezia Jochimsen, Dr. Hakki Keskin, Katja Kipping, Monika Knoche, Jan Korte, Katrin Kunert, Michael Leutert, Ulla Lötzer, Dr. Gesine Lötzsch, Ulrich Maurer, Dorothee Menzner, Kornelia Möller, Kersten Naumann, Wolfgang Neskovic, Dr. Norman Paech, Petra Pau, Bodo Ramelow, Elke Reinke, Paul Schäfer (Köln), Volker Schneider (Saarbrücken), Dr. Herbert Schui, Dr. Ilja Seifert, Dr. Petra Sitte, Frank Spieth, Dr. Kirsten Tackmann, Dr. Axel Troost, Alexander Ulrich, Jörn Wunderlich, Sabine Zimmermann, Dr. Gregor Gysi, Oskar Lafontaine und der Fraktion DIE LINKE.

Deutschland braucht Mindestlöhne

Der Bundestag wolle beschließen:

I. Der Deutsche Bundestag stellt fest:

Deutschland ist – gemessen an der gesamtwirtschaftlichen Leistung – so reich wie nie zuvor. Trotzdem arbeiten viele Menschen den ganzen Tag, können aber sich und ihre Familien vom erarbeiteten Lohn nicht ernähren. Armutslöhne sind ungerecht und unsozial. Sie missachten die Leistung der Arbeitnehmerinnen und Arbeitnehmer. Das ist ein Skandal. Wer voll arbeitet, muss davon leben können.

Großbritannien, die Niederlande, Belgien – die meisten unserer europäischen Nachbarn – und selbst die USA praktizieren Mindestlöhne mit Erfolg. Auch in Deutschland ist es höchste Zeit: für gerechte Löhne und gute Arbeit, für soziale Sicherheit und Mindestlöhne!

Menschen, die einer Vollzeiterwerbstätigkeit nachgehen, müssen von ihrer Arbeit auch menschenwürdig leben können.

II. Der Deutsche Bundestag fordert deshalb die Bundesregierung auf,

- tarifvertragliche Lösungen für Mindestlöhne zu fördern und dazu das Arbeitnehmer-Entsendegesetz auf alle Wirtschaftsbereiche auszuweiten;

- für Branchen, in denen tarifliche Lösungen nicht greifen oder Tariflöhne ein Mindestniveau unterschreiten, einen gesetzlichen Mindestlohn einzuführen, der sich in seiner Höhe am Niveau vergleichbarer europäischer Länder orientiert.

Begründung

Deutschland braucht Mindestlöhne:

- Die Einkommensschere geht weiter auseinander. Während Spitzengehälter zunehmen, stagnieren die Löhne für viele Beschäftigte.

- Mehr als 2,5 Millionen Vollzeitbeschäftigte arbeiten in Deutschland für Armutslöhne, die weniger als 50 Prozent des Durchschnittslohns betragen.

- Lohndumping richtet sich gegen die Arbeitnehmerinnen und Arbeitnehmer. Dumpinglöhne schwächen aber auch die Wettbewerbsfähigkeit von Betrieben, die faire Löhne zahlen.

- Die Tarifbindung nimmt weiter ab. Nur 68 Prozent der Beschäftigten in Westdeutschland und 53 Prozent in Ostdeutschland erhalten tariflich vereinbarte Löhne. Armutslöhne gibt es nicht nur bei tarifungebundenen Arbeitgebern. Auch viele Tariflöhne liegen zwischen 3 und 4 Euro.

- Niedriglöhne sind nicht allein die Folge zu geringer Qualifikationen. 60 Prozent der Beschäftigten im Niedriglohnsektor verfügen über eine abgeschlossene Berufsausbildung.

- Die Aufstiegsmobilität in besser bezahlte Jobs ist gering. Niedriglöhne sind kein Einstieg in eine bessere Zukunft, sondern bedeuten meist Verharren in Armut.

Berlin, den 27. März 2007

Dr. Gregor Gysi, Oskar Lafontaine und Fraktion

Deutscher Bundestag Drucksache 16/5102 16. Wahlperiode 25. 04. 2007

Antrag der Abgeordneten Brigitte Pothmer, Kerstin Andreae, Dr. Thea Dückert, Anja Hajduk, Birgitt Bender, Britta Haßelmann, Christine Scheel, Dr. Gerhard Schick, und der Fraktion BÜNDNIS 90/DIE GRÜNEN

Schnell handeln für eine umfassende Mindestlohnregelung

Der Bundestag wolle beschließen:

I. Der Deutsche Bundestag stellt fest:

Niedriglöhne und Lohndumping breiten sich in Deutschland immer mehr aus. Trotzdem bleibt die Bundesregierung tatenlos. Zwar hatte der Bundesminister für Arbeit und Soziales, Franz Müntefering, schon im März 2006 versprochen, die Frage existenzsichernder Löhne noch im selben Jahr gesetzgeberisch klären zu wollen, doch darauf warten die betroffenen Menschen bis heute. Nur die bereits im Koalitionsvertrag vereinbarte Ausweitung des Arbeitnehmer-Entsendegesetzes auf das Gebäudereinigerhandwerk wurde beschlossen. Darüber hinausgehende konkrete Initiativen oder gar Gesetzentwürfe für die weitere Ausweitung des Arbeitnehmer-Entsendegesetzes oder für eine Lohnuntergrenze sind jedoch ausgeblieben.

Die Uneinigkeit der Bundesregierung beim Thema Mindestlohn und der daraus resultierende Stillstand sind angesichts der Problemlage unakzeptabel. Die Bundesregierung ist in der Verantwortung, Arbeitnehmerinnen und Arbeitnehmer vor Armutslöhnen zu schützen und hierfür geeignete Regelungen und Rahmenbedingungen zu schaffen.

II. Der Deutsche Bundestag fordert die Bundesregierung zur Umsetzung eines Fahrplans für eine umfassende Mindestlohnregelung auf.

Der Fahrplan umfasst die folgenden konkreten Maßnahmen und Zeitvorgaben:

1. Einrichtung einer Mindestlohn-Kommission

Die Bundesregierung wird aufgefordert, bis spätestens Ende 2007 eine gesetzliche Regelung zu schaffen, die rechtlich verbindliche Mindestlöhne und Mindestarbeitsbedingungen in jenen Branchen ermöglicht, in denen eigene Tarifstrukturen nicht vorhanden oder nicht ausreichend sind.

Dafür soll eine Mindestlohn-Kommission eingerichtet werden, die in Anlehnung an die britische Low Pay Commission unter der Beteiligung von Sozialpartnern und Wissenschaft Empfehlungen für die Höhe von Mindestlöhnen erarbeitet. Die Empfehlungen werden vom Bundesminister für Arbeit und Soziales durch Rechtsverordnung für verbindlich erklärt. Die Empfehlungen der Kommission sollen maßgebliche Unterschiede zwischen Branchen und Regionen beachten. Alle Arbeitnehmerinnen und Arbeitnehmer, die nicht bereits tarifliche und für allgemeinverbindlich erklärte Mindestlöhne erhalten, sollen von diesem Verfahren erfasst werden.

2. Ausweitung des Arbeitnehmer-Entsendegesetzes

Die Ausweitung des Arbeitnehmer-Entsendegesetzes auf alle Branchen wird forciert. Der Prozess soll so schnell wie möglich, jedoch spätestens bis zum 30. April 2009 abgeschlossen sein. Dabei werden folgende Prioritäten festgesetzt:

a) Die Ausweitung auf die Zeitarbeitsbranche und die Weiterbildungsbranche (Maßnahmeträger der außerbetrieblichen Qualifizierung) wird sofort umgesetzt, denn Arbeitnehmer- und Arbeitgeberseite haben alle hierfür erforderlichen Voraussetzungen geschaffen.

b) Ein vordringlicher und kurzfristiger Handlungsbedarf besteht darüber hinaus in den folgenden Branchen: Einzelhandel, Hotel- und Gaststättengewerbe, Land- und Forstwirtschaft, Erwerbsgartenbau, Friseurhandwerk, fleischverarbeitende Industrie, Entsorgungswirtschaft, Bewachungsgewerbe, Postdienstleistungen, Floristik, Metallhandwerk, Bäckerhandwerk sowie das private Transportgewerbe.

Die Tarifparteien dieser Branchen müssen bis spätestens Ende 2008 bundesweite bzw. flächendeckende Tarifverträge für ihre Branchen abschließen und damit die Voraussetzungen für die Anwendung des Arbeitnehmer-Entsendegesetzes schaffen. Erfüllen die genannten Branchen die Voraussetzungen für die Anwendung des Arbeitnehmer-Entsendegesetzes bis Ende 2008 nicht, empfiehlt die Mindestlohn-Kommission auch für diese Branchen Mindestlöhne, die durch Rechtsverordnung des Bundesministers für Arbeit und Soziales verbindliche Wirkung erhalten.

c) Auch für alle anderen Branchen soll die Anwendung des Arbeitnehmer-Entsendegesetz spätestens bis Ende April 2009 grundsätzlich ermöglicht werden. Dafür muss die Beschränkung des Anwendungsbereichs des Arbeitnehmer-Entsendegesetzes nur auf einzelne, gesetzlich genannte Branchen aufgehoben und stattdessen die generelle Anwendbarkeit auf alle Branchen sichergestellt werden. Damit wird außerdem die Voraussetzung geschaffen, auf eine weitere Verlängerung der Beschränkung der Freizügigkeit für Beschäftigte aus Mittel- und Osteuropa nach dem 1. Mai 2009 zu verzichten.

3. Reform der Allgemeinverbindlichkeitserklärung

Die Bundesregierung wird aufgefordert, bis zum Juli 2007 einen Entwurf zur Reform des Tarifvertragsgesetzes vorzulegen, der die Reduzierung der Vetomöglichkeiten für die Spitzenverbände der Tarifparteien zum Inhalt hat. Ziel ist es, dadurch die zunehmend unüberwindbar gewordenen Hürden für die tarifliche Festsetzung von Mindestarbeitsbedingungen wieder abzusenken.

Berlin, den 25. April 2007
Renate Künast, Fritz Kuhn und Fraktion

Begründung

Im Jahr 2003 arbeiteten 3,6 Millionen vollzeitbeschäftigte Menschen für einen Niedriglohn. Die Zahl der sozialversicherungspflichtig Erwerbstätigen steigt, die ergänzend Anspruch auf Arbeitslosengeld II haben. Im März 2007 gab es bereits 574 000 sozialversicherungspflichtig beschäftigte Menschen, die ergänzend zu ihrem Erwerbseinkommen Arbeitslosengeld II erhielten. Davon arbeiteten 470 000 Menschen in Vollzeit. Es wird geschätzt, dass weitere 2 Millionen Erwerbstätige Anspruch auf ergänzendes Arbeitslosengeld II hätten, ihn aber derzeit aus den unterschiedlichsten Gründen nicht wahrnehmen. Armut trotz Arbeit – das ist für viele Menschen in Deutschland Realität.

Realität ist auch, dass die Bundesregierung seit über einem Jahr über Mindestlöhne und die Regulierung des Niedriglohnbereichs streitet, ohne Fortschritte zu erzielen. Dabei ist absehbar, dass sich das Problem von Armutslöhnen weiter verschärfen wird. Seit Mitte der 1990er Jahre steigt der prozentuale Anteil der Vollzeitbeschäftigten, die im Niedriglohnbereich tätig sind. Im selben Zeitraum ist die Tarifbindung der Betriebe in Ost undWest stetig gesunken, so dass aktuell 30 Prozent der Beschäftigten im Westen und 45 Prozent der Beschäftigten im Osten ohne Tarifbindung arbeiten.

Umso wichtiger ist es, dass Rahmenbedingungen und Regelungen geschaffen werden, die die weitere Verbreitung von Armutslöhnen verhindern und sicherstellen, dass über eine Vollzeitbeschäftigung ein existenzsicherndes Einkommen erzielt werden kann. Die Entwicklung des Arbeitslosengeldes II zum steuerfinanzierten Massen-Kombilohn stellt dafür keine Lösung dar. Notwendig ist stattdessen die Umsetzung der folgenden drei Punkte:

1. Einrichtung einer Mindestlohn-Kommission

Angesichts von zum Teil nicht vorhandenen Tarifstrukturen, von abnehmender Tarifbindung und vor dem Hintergrund des Ungleichgewichts der Tarifpartner ist die Politik gefordert, gesetzliche Regelungen für die Arbeitnehmerinnen und Arbeitnehmer zu schaffen, in deren Branchen keine tariflichen Lösungen erreicht werden können. Dafür muss die Möglichkeit zur Regelung von Mindestlöhnen und Mindestarbeitsbedingungen auf dem Verordnungsweg geschaffen werden. Die dafür erforderlichen Institutionen sollen spätestens bis Ende 2007 vorhanden und arbeitsfähig sein.

In Großbritannien hat sich für die Festlegung der Mindestlohnhöhe die Einrichtung einer Low Pay Commission bewährt. Sie spricht Empfehlungen zur Mindestlohnhöhe und zu den jeweiligen Erhöhungen aus, schlägt Sätze für bestimmte Gruppen vor, führt Untersuchungen durch und veröffentlicht regelmäßige Berichte über die Auswirkungen des gesetzlichen Mindestlohnes.

Die Low Pay Commission ist verpflichtet, bei der Erarbeitung ihrer Empfehlungen allgemeine wirtschaftliche und soziale Zusammenhänge, den voraussichtlichen Effekt auf die Beschäftigung, insbesondere bei benachteiligten Gruppen am Arbeitsmarkt, den voraussichtlichen Effekt auf die Inflation, Auswirkungen auf die Kosten für die Unternehmen und deren Wettbewerbsfähigkeit sowie mögliche Kosten für die Wirtschaft und Folgen für den Staatshaushalt zu berücksichtigen.

In Deutschland muss eine Mindestlohn-Kommission unter Beteiligung von Sozialpartnern und Wissenschaft eingerichtet werden, die ähnlich der Low Pay Commission vorgeht. Sie muss Empfehlungen zur Höhe und laufenden Anpassung von branchen- und regionalspezifischen Mindestlöhnen abgeben, die durch Rechtsverordnung des Bundesministers für Arbeit und Soziales Verbindlichkeit erhalten. Sie muss außerdem die Auswirkungen der Mindestlöhne laufend überprüfen und evaluieren.

Die Empfehlungen müssen zielgenau sein und ungewollte negative Beschäftigungseffekte für einzelne Personengruppen oder Regionen vermeiden. Maßgebliche regionale und branchenspezifische Unterschiede bei Lohnniveau und Produktivität müssen in den Empfehlungen der Kommission berücksichtigt werden, um Arbeitsplätze nicht zu gefährden oder in die Illegalität zu vertreiben. Eine schrittweise Einführung muss dafür sorgen, dass Betriebe ihre Preise und Gewinnerwartungen an die veränderten Löhne anpassen können, ohne Arbeitsplätze abzubauen.

Die Kommission soll spätestens bis Ende 2007 ihre Arbeit aufnehmen, um sicherzustellen, dass im Jahr 2008 sukzessive für jene Branchen verbindliche Mindestlöhne eingeführt werden, die vollständig ohne Tarifstrukturen sind. Die Höhe der Mindestlöhne soll dabei auch jenen Branchen zur Orientierung dienen, die bis Ende 2008 die tariflichen Voraussetzungen für die Anwendung des Arbeitnehmer-Entsendegesetzes schaffen und einen tariflichen Mindestlohn einführen können. Gelingt ihnen eine tarifliche Regelung bis zu diesem Zeitpunkt nicht, soll die Kommission Empfehlungen auch für diese Branchen aussprechen.

2. Ausweitung des Arbeitnehmer-Entsendegesetzes

Die Öffnung des Arbeitnehmer-Entsendegesetzes für alle Branchen ist unverzichtbar. Die Festlegung von einheitlichen Mindestarbeitsbedingungen für in- und ausländische Beschäftigte ist eine Grundbedingung, um die weitere Abwärtsspirale von Löhnen zu verhindern. Dies ist nicht zuletzt auch im Sinne der Unternehmen, die wegen der wachsenden Unterbietungskonkurrenz anderenfalls keine Chance haben, mit fairen Marktpreisen im Wettbewerb zu bestehen. Die nochmalige Verlängerung der von der Bundesregierung als einzigem EU-Mitgliedsland neben Österreich geltend gemachten Beschränkung der Freizügigkeit von Arbeitnehmern aus den neuen Mitgliedsländern wird dadurch hinfällig und kann zum nächsten möglichen Zeitpunkt auslaufen (30. April 2009 im Falle der sogenannten EU-8 aus Polen, Ungarn, Slowenien, Slowakei, Tschechischer Republik und den drei baltischen Republiken).

Die mit der Ausweitung des Arbeitnehmer-Entsendegesetzes auf alle Branchen verbundene Möglichkeit der Allgemeinverbindlichkeitserklärung ist auch notwendig, um die weitere Unterschreitung von tariflichen Löhnen zu vermeiden. Die Löhne in den unter 2.b genannten Branchen, bei denen vordringlicher Handlungsbedarf besteht, liegen nach Berechnungen des Wirtschafts- und Sozialwissenschaftlichen Instituts (WSI) schon jetzt unterhalb oder nur knapp oberhalb des durch das Arbeitslosengeld II definierten Existenzminimums eines Alleinstehenden.

Die Tarifparteien sind deshalb nicht nur aufgefordert, bundesweite bzw. flächendeckende tarifvertragliche Regelungen zu treffen, um die Anwendung des Arbeitnehmer-Entsendegesetzes ab spätestens Mai 2009 zu ermöglichen, sondern müssen auch an ihre gemeinsame Verantwortung für existenzsichernde Mindeststandards erinnert werden. Lohndumping per Tarifvertrag ist unsozial und gefährdet letztendlich auch die Idee und die Zukunft der Tarifautonomie.

3. Reform der Allgemeinverbindlichkeitserklärung

Durch die vereinfachte Allgemeinverbindlichkeitserklärung sollen die Tarifpartner gestärkt werden, die Verantwortung für die Arbeitsbedingungen in ihren Branchen übernehmen wollen. Vereinbaren sie die Allgemeinverbindlichkeit, gelten die tariflichen Arbeitsbedingungen sowohl für die Arbeitnehmer von organisierten wie nicht organisierten Betrieben der Branche.

Literaturhinweise

Gerhard Bosch, Claudia Weinkopf (unter Mitarbeit von Thorsten Kalina): Gesetzliche Mindestlöhne auch in Deutschland? Herausgegeben von der Friedrich-Ebert-Stiftung, Abteilung Wirtschafts- und Sozialpolitik, Oktober 2006. (http://library.fes.de/library/fr-digbib.html)

Wolfgang Belitz / Jürgen Klute / Hans-Udo Schneider: Zukunft der Arbeit in einem neuen Gesellschaftsvertrag. Lit Verlag Münster, 3. Aufl. 2004.

Thorsten Kalina / Claudia Weinkopf: Ein gesetzlicher Mindestlohn auch in Deutschland?! Modellrechnungen für Stundenlöhne zwischen 5,00 und 7,50 € – und wie ist es bei den anderen? IAT-Report 2006 – 6. (www.iatge.de/iat-report/2006/report2006-06.pdf)

Julia Müller / Joachim Bischoff: Allgemeines Grundeinkommmen. Fundament für soziale Sicherheit? VSA Verlag Hamburg, 2006.

Thorsten Schulten / Reinhard Bispinck / Claus Schäfer (Hrsg.): Mindestlöhne in Europa. VSA Verlag Hamburg, 2006.

Gabriele Sterkel / Thorsten Schulten / Jörg Wiedemuth (Hrsg.): Mit Mindestlöhnen gegen Lohndumping. Rahmenbedingungen – Erfahrungen – Strategien. VSA Verlag Hamburg, 2006.

Matthias Zeeb: Mindestlohn mit Bedacht einführen. Kommentar zur aktuellen Debatte. Juni 2006. Sozialwissenschaftliches Institut der Evangelischen Kirche in Deutschland. (www.ekd.de/swi/48654.html)

Matthias Zeeb: Mindestlohn - Ja oder Nein? Eine Kurzexpertise zur aktuellen Debatte. April 2006. Sozialwissenschaftliches Institut der Evangelischen Kirche in Deutschland. (www.ekd.de/swi/48654.html)

Weblinks

http://www.mindestlohn.de/
http://www.linksfraktion.de/position_der_fraktion.php?artikel=1723364544

Herausgeber und Herausgeberin

Jürgen Klute, Jahrgang 1953, Pfarrer und evangelischer Sozialethiker. Nach Kriegsdienstverweigerung und Ableistung des Zivildienstes Studium der evangelischen Theologie in Bielefeld und Marburg / Lahn. Von 1982 bis 1986 freie Mitarbeit am Pädagogisch-Theologischen-Institut der Evangelischen Kirche von Kurhessen-Waldeck in Marburg / Lahn, von 1984 bis 1986 Pfarrer im Schuldienst an der Berufschule in Bad Berleburg, von 1986 bis 1989 Mitarbeit im Projekt „Industrielle Arbeitswelt und Kirche" des Kirchenkreises Gladbeck-Bottrop-Dorsten, seit 1989 Sozialpfarrer und Leiter des Sozialpfarramtes des Kirchenkreises Herne; Mitherausgeber der Zeitschrift AMOS – Kritische Blätter aus dem Ruhrgebiet. Von Frühjahr 2001 bis Frühjahr 2006 Mitglied der Executive der European Contact Group on Urban Industrial and Rural Mission (ECG). Seit 2007 Referent für Sozialethik an der Evangelischen Stadtakademie Bochum.

Herbert Schlender, Jahrgang 1952, Religionspädagoge. Nach einer Ausbildung in der Industrie FH-Studium der Theologie und Religionspädagogik. Seit 1977 mit Gemeinwesen und Arbeitswelt bezogenen Bildungsthemen zunächst in der evangelischen Jugendarbeit, seit 1991 im Bereich Kirche in der Arbeitswelt und der Evangelische Erwachsenenbildung in Recklinghausen tätig. Ausbildungen in den Bereichen Theaterpädagogik, Artistik und Organisationsmanagement bilden die Grundlage für die Gestaltung selbstbestimmter Erlebens- und Lernräume in der Arbeitswelt und im Gemeinwesen.

Sabine Sinagowitz, Jahrgang 1960; Abitur, Studium der Sozialpädagogik in Essen; seit 1984 als Dipl.-Sozialpädagogin in verschiedenen Feldern kirchlicher Sozialarbeit tätig; seit 1990 pädagogische Mitarbeiterin/Beratungsfachkraft in der Jugendberufshilfe im Ev. Kirchenkreis Gelsenkirchen und Wattenscheid; Arbeitsschwerpunkte: Situation junger Menschen im Übergang von der Schule in den Beruf – Know-How-Transfer, Projekte und Trainings für Schüler/innen und Lehrer/innen; Einfluss struktureller Veränderungen auf Lern- und Lehrwelt; Informationsbeschaffung und –weitergabe an Multiplikator/innen; Initiierung, Planung und Umsetzung zukunftsfähiger Inhalte und Formen in der Zusammenarbeit zwischen Schule und Arbeitwelt (Stichwort „Gute Arbeit in der Schule"); Netzwerkerin im Dreieck Jugend-Wirtschaft-Kirche.

www.ingramcontent.com/pod-product-compliance
Lightning Source LLC
Chambersburg PA
CBHW081836250726
48659CB00008B/2475